I0807323

Catecismo menor sobre la vida humana

Por John T. Pless

2006 LCMS Life Ministries

Traductores: Luz Guerrero, Sergio Maita, María Teigen y Martin Teigen

EDITORIAL CONCORDIA • SAINT LOUIS

Publicado por Editorial Concordia, 2015
3558 S. Jefferson Avenue
St. Louis, MO 63118-3968
1-877-450-8694 · editorial.cph.org · editorial.concordia@cph.org

A menos que se indique de otra manera todas las citas de las Escrituras son de la versión *Reina Valera Contemporánea*® © Sociedades Bíblicas Unidas, 2009, 2011.

Las citas de la explicación de *El Catecismo Menor de Martín Lutero* son de *El Catecismo Menor de Martín Lutero con explicaciones*, Edición bilingüe (Editorial Concordia, 2015).

Las citas de los catecismos de Lutero y de *La Confesión de Augsburgo* son del *Libro de Concordia: Las Confesiones de la Iglesia Evangélica Luterana,* ed. Andrés A. Meléndez (St. Louis: Editorial Concordia, 1989). Algunas citas fueron modificadas para adaptarlas al estilo de la presente obra. *El Catecismo Mayor* se indica con las siglas CM y *La Confesión de Augsburgo* con CA.

Las estrofas de los himnos y las oraciones son traducciones de: *The Lutheran Hymnal* (St. Louis: Concordia Publishing House, 1941); *Lutheran Worship* (St. Louis: Concordia Publishing House, 1982); *Lutheran Worship Agenda* (© 1984, Concordia Publishing House). Estos libros se indican respectivamente como TLH, LW o LW Agenda.

Las citas de las obras de Martín Lutero son traducciones de las obras que se encuentran en *Luther's Works, American Edition* (Obras de Lutero, Edición Americana), volúmenes 31, 36 y 37 (Philadelphia: Fortress Press, 1957; 1959; 1961). Las citas se indican con las letras AE.

La fuente de las otras citas se indica en las notas adicionales que se encuentran al final del presente volumen.

Editorial Concordia es la división hispana de Concordia Publishing House

Apuntes para el lector

Al principio de cada capítulo hay una línea que se lee *Explicación del Catecismo Menor, preguntas...* Los números que se encuentran en esta línea se refieren a la numeración empleada por *El Catecismo Menor de Martín Lutero con explicaciones, edición bilingüe (Editorial Concordia, 2015).* Debido a que en las varias versiones del *Catecismo Menor de Martín Lutero con explicaciones* que se usan en América latina se encuentran varias numeraciones, se ha incluido al final del presente volumen el apéndice Preguntas de *Explicación del Catecismo Menor.* El texto completo de las preguntas de la *Explicación* que se encuentra en la lista ayudará al lector a encontrar en la versión de la *Explicación* –que tiene a su disposición– la pregunta indicada por el autor para que pueda encontrar la respuesta y los pasajes bíblicos relacionados. La forma de las preguntas en el apéndice Preguntas de *Explicación del Catecismo Menor* es tal como se encuentra en *El Catecismo Menor de Martín Lutero con explicaciones,* Edición bilingüe (Editorial Concordia, 2015).

Sobre el autor

El Rev. John T. Pless es profesor asistente de los estudios de ministerio pastoral y misiones, además de ser director del programa de *formación pastoral en la parroquia* en el Seminario Teológico Concordia en Fort Wayne, Indiana. Sirvió como pastor en La Capilla Luterana de la Universidad de Minnesota en Minneapolis durante diecisiete años. Es autor de los libros: *Handling the Word of Truth: Law and Gospel in the Church Today* y *Word: God Speaks to Us.* (Publicados por Concordia Publishing House).

Contenido

"Soy también doctor y predicador y tengo tanta erudición y experiencia como los que muestran tanta arrogancia y seguridad. A pesar de ello, hago como un niño a quien se le enseña el catecismo. De mañana y cuando tengo tiempo leo y recito el Padrenuestro palabra por palabra, los Diez Mandamientos, el Credo, algunos Salmos, etc. Todos los días tengo que leer y estudiar algo más. Sin embargo, no puedo llegar a ser como quisiera y debo continuar siendo niño y alumno del catecismo y permaneceré siéndolo de buen agrado."

–Lutero (CM, Prefacio, p 375)

"Gloria a Dios, ha sucedido que hombre y mujer, viejo y joven, conocen el catecismo; ellos saben cómo creer, vivir, orar, sufrir, y morir. Las conciencias están bien instruidas sobre cómo ser cristianos y cómo reconocer a Cristo."

–Lutero ("Advertencia a su querido pueblo alemán" 1531 AE 47:52-53)

Introducción

Hace cuatrocientos setenta y cinco años, en 1529, Martín Lutero preparó su Catecismo Menor como una "forma de las sanas palabras" (ver 2 Timoteo 1:13) para guiar a los cristianos en la vida de fe y amor que son en Cristo Jesús. A través de los últimos cinco siglos, los luteranos han usado este librito para orientarse en las riquezas de las Santas Escrituras y ayudarse a sí mismos a entender lo que significa vivir como hijos de Dios por medio de la fe en Jesucristo. El catecismo orienta toda la vida a través del Primer Mandamiento y enmarca la historia de nuestra vida individual en la historia del Dios trino, que es nuestro Creador, Redentor, y Consolador. Da forma a nuestra visión del mundo y a nuestro propósito dentro de él, como los que viven con miras a la resurrección del cuerpo según la promesa del Bautismo. Nos enseña cómo invocar a nuestro Padre en fe y cómo servir a nuestro prójimo en amor. Nos instruye sobre el arrepentimiento y la fe y nos prepara para comer y beber el cuerpo y la sangre de Jesús, creyendo en su promesa testamentaria de que nuestros pecados son perdonados.

El Catecismo Menor es un "libro para la vida" como lo dijo el arzobispo luterano alemán Ludwig Ihmels. Es un libro sobre nuestra vida con Dios, una vida creada por el Padre, redimida por el Hijo, y santificada por el Espíritu. Este libro que tiene ahora en sus manos es compañero de El Catecismo Menor. En nuestro mundo moribundo hace que el Catecismo Menor le hable a nuestra vida acerca de la vida de nuestro Creador y de su Hijo crucificado. Usaremos las seis partes principales de la doctrina cristiana con el fin de entablar una conversación acerca del comienzo y del final de la vida, acerca del matrimonio y de la familia como las esferas donde Dios da y conserva la vida y acerca de nuestra responsabilidad de mostrar misericordia en todas las etapas de la vida. Extraído de la palabra de Dios, el catecismo nos provee de un marco confiable y coherente –desde la perspectiva de la Ley y del Evangelio de Dios– para responder a las cuestiones acerca de la vida y la muerte y de la vocación y la misericordia.

Preguntas para estudio y discusión

1. Lea el prefacio de El Catecismo Menor de Lutero (*Libro de Concordia*, páginas 342-356, [o en otra edición de El Catecismo Menor]). ¿Por qué fue que Martín Lutero preparó El Catecismo Menor en 1529? Aunque el mundo en la Alemania del siglo 16 era muy diferente al mundo que conocemos hoy ¿cuáles son algunas de las maneras en que la diagnosis de Lutero acerca de la vida de la iglesia de aquel entonces, todavía se aplica a nosotros hoy en día?

2. ¿Cómo sirve el catecismo para orientar la vida cristiana tanto en la fe como en el amor? (Ver 2 Timoteo 1:13).

3. En la Biblia, Dios nos habla dos palabras distintas. Su palabra de la Ley pone al descubierto nuestro pecado y lo condena. Su palabra del Evangelio proclama el perdón de los pecados y la paz con Dios por medio de la fe en Jesús. ¿De qué manera es que la estructura y la secuencia de las seis partes principales del catecismo reflejan la distinción correcta entre la Ley y el Evangelio? (Ver Romanos 3:19-31).

4. ¿Cuáles son algunos de los asuntos que hacen difícil la santificación de nuestra vida hoy en día? Aunque puede ser que estos desafíos no se mencionen explícitamente en el catecismo, ¿de qué manera es que el catecismo nos provee de "un marco confiable y coherente" para responder a estos retos?

Uno

"Porque ninguno de los que están vivos hoy sabe dónde estuvo durante los primeros dos años, cuando vivió en el vientre, o cuando después de haber sido traído a la luz del día, fue amamantado por la leche de su madre. Uno no sabe nada sobre los días, las noches, el tiempo, los gobernantes. Sin embargo, se ha vivido ese tiempo y ha sido un cuerpo unido a un alma, un cuerpo adaptado a todas las funciones naturales. Entonces, ésta es la prueba más certera de que Dios quiere conservar al hombre de una manera maravillosa y a la vez desconocida para él."

–Lutero (Discursos sobre Génesis AE 8:316-317)

La creación

¿Quién es el dador de la vida?

Referencias del Catecismo Menor de Lutero:
El Credo—Primer Artículo
Introducción al Padrenuestro—Cuarta Petición
Primer Mandamiento
Explicación del Catecismo Menor, preguntas 24, 26-29, 112-117

Hay un solo Dios. Éste no tiene inicio ni fin. Él tiene vida en sí mismo, en la comunión de las personas que es la Santísima Trinidad. Juan lo expresó de la siguiente manera: "En el principio era el Verbo, y el Verbo estaba con Dios, y el Verbo era Dios. Éste estaba en el principio con Dios. Todas las cosas por medio de él fueron hechas, y sin él nada de lo que ha sido hecho, fue hecho. En él estaba la vida, y la vida era la luz de los hombres" (Juan 1:1-4, RVR 1995). Dios es la fuente de toda vida y es su naturaleza otorgar vida. Lutero expresó esto brevemente al decir: "Éstas son las tres personas y un Dios, que se ha dado a nosotros total y completamente con todo lo que él es y tiene. El Padre se nos da a sí mismo, con el cielo y la tierra y todas las criaturas para que ellas puedan servirnos y beneficiarnos. Pero este regalo ha sido convertido en algo oscuro e inservible por medio de la caída de Adán en el pecado. Es por esto que el Hijo se dio a sí mismo posteriormente, y nos otorgó todas sus obras, sufrimientos, sabiduría, y justicia, nos reconcilió con el Padre a fin de que restaurados para vida y justicia, podamos también conocer y tener al Padre y todos sus dones."[1] Dios es tanto el don como el dador. No hay vida aparte de este Dios ni de su provisión inmerecida.

Esto nos lleva a uno de los mitos preferidos de nuestros días: la autonomía. La palabra "autonomía" tiene su origen en dos palabras griegas que significan "mismo(a)" y "ley". Ser autónomo es ser uno(a) mismo(a) su propia ley. Es ser independiente y autosuficiente. El teólogo alemán Werner Elert expresó correctamente que la autonomía es sólo un sueño no realizado. Más aún, éste es otro intento de convertirse en su propio dios. El hecho de que usted tenga un ombligo prueba lo expuesto por Elert. Usted no se creó a sí mismo. Su cuerpo fue formado en el cuerpo de otra persona. En otras palabras, la vida que usted tiene vino desde afuera de sí; como un regalo sin tomar en cuenta su voluntad. Por otro lado, al final de la vida existe el límite de la muerte. Parafraseando las palabras del Génesis: del polvo eres y al polvo volverás. Vivimos entre los límites del nacimiento y la muerte. No podemos trascender estos límites, no importa cuánto tratemos de hacerlo. La vida humana no llega a existir por su propia voluntad, ni tampoco puede extenderse a sí misma eternamente. La autonomía se hace añicos ante estas dos realidades: nacimiento y muerte. Muchos asuntos contemporáneos de ética como el aborto, la homosexualidad y la eutanasia se discuten en base a la autonomía, algo que no existe.

El Primer Mandamiento desenmascara la mentira de la autonomía. Dios no discute para probar que existe. El sostiene sencillamente: *"No tendrás otros dioses."* Claro que la existencia de Dios es un obstáculo en el camino de nuestra búsqueda de autonomía. Así lo reconoció Jean-Paul Sartre, filósofo no-creyente, que argumentó que si el Dios de la Biblia existiera, tendríamos que pretender que no, para ser libres en la forma en que pensamos y queremos ser libres. El problema es que no somos libres. Estamos atados a la tierra pues hemos sido sacados del polvo y volveremos a él. No podemos escapar de ser criaturas aunque lo intentemos. Y ¡esto es bueno!

Preguntas para estudio y discusión

1. Según Juan 1:1-4 ¿cuál es la conexión entre Dios y la vida?
2. "Dios es la fuente de toda vida y es su propia naturaleza dar vida." Repase la explicación que Lutero da de cada uno de los tres artículos del Credo Apostólico. ¿Cómo son dadoras de vida cada una de las personas de la Trinidad: Padre, Hijo, y Espíritu Santo?
3. ¿Qué es la autonomía? Dé ejemplos de cómo esta actitud se muestra hoy en día.
4. ¿De qué manera es que tanto el nacimiento como la muerte prueban que la autonomía es una "ilusión que no se hace realidad"?
5. El teólogo Gerhard Forde escribió: "Si se comienza con la premisa y la defensa del libre albedrío, se terminará en cautiverio."[2] ¿Cómo nos muestra el Primer Mandamiento que no somos libres?

Imagen en p 8: La creación; grabado en madera de la primera edición ilustrada de El Catecismo Mayor, 1530, Wittenberg. Pritzlaff Memorial Library Rare Book Collection; Biblioteca del Seminario Concordia, St. Louis, Missouri.

Génesis 1:26a—*"Entonces dijo Dios: 'Hagamos al hombre a nuestra imagen, conforme a nuestra semejanza...'"* Así como Dios les dio vida al primer hombre y a la primera mujer, también ahora él da vida a todos a través de su Hijo.

Dos

"Habría mucho que decir; si se tuviera que exponer en detalle, cuán pocos son los que creen en este artículo (el Primer Artículo). Porque todos pasamos por encima de él; lo oímos y lo recitamos, pero ni vemos, ni reflexionamos sobre lo que estas palabras nos enseñan. Porque, si lo creyéramos de corazón, obraríamos conforme a ello y no andaríamos orgullosos, tercos y engreídos, como si la vida, la riqueza, el poder, y el honor, etc., procedieran de nosotros mismos. Hacemos, al fin, como si hubiera de temérsenos y servírsenos; que así lo exige este mundo perdido y trastornado, que está sumido en su ceguedad; un mundo que abusa de todos los bienes y dones de Dios únicamente para su altanería, para su codicia, para su deleite y bienestar, sin considerar siquiera a Dios para agradecerle o reconocerle como Señor y Creador."

–Lutero (CM, parte II: 20-21, p. 439)

Adán y Eva

¿QUÉ SIGNIFICA SER UNA CRIATURA?

Referencias del Catecismo Menor de Lutero:
El Credo—Primer Artículo
Explicación del Catecismo Menor, preguntas 112-119

Ser una criatura es deberle la vida a aquel que es su Creador. Nuestros primeros padres pecaron no porque eran seres humanos, sino porque fallaron en creer en la Palabra de su Creador. La mentira satánica que tentó a Eva le hizo creer que ella podría ser como Dios al conocer el bien y el mal (ver Génesis 3:5). En su falta de fe, Adán y Eva intentaron ser más que humanos, para elevarse y ser más que meras criaturas y llegar a ser como Dios. No contentos con ser criaturas que dependen de la bondad del Padre, Adán y Eva desearon adquirir la posición de señorío. Desde entonces, sus descendientes han seguido repitiendo el mismo error fatal. Esto se llama pecado. Mark Twain una vez bromeó al decir que en el principio Dios creó al hombre a su propia imagen, y ¡desde entonces el hombre le ha devuelto el favor! Queremos ser Dios; no estamos ni estaremos contentos con ser criaturas hechas a su imagen.

Esto lo vemos representado en cada proyecto en el que se intenta ser más que criaturas, al intentar apropiarnos del nombre de creador. Dios modeló a Adán y Eva a su propia imagen (Génesis 1:26-27). Ellos dejaron de reflejar la imagen de su hacedor cuando el pecado causó una separación entre ellos y su Padre, poniéndolos bajo la condenación y sentenciándolos a la muerte. Luchando para asirse a la vida bajo sus propios términos, se aferraron a la muerte. Intentando ser como Dios, fallaron en ser aquello para lo cual Dios los había creado: criaturas que viven bajo la bendición y el favor suyos. Y se ve esto también en cada intento de "jugar a ser Dios", ya sea cuando dictan un fallo -como si fueran Dios- y dicen que algunos seres humanos no merecen la vida –como los que están limitados física o mentalmente, los niños no deseados y los ancianos que sufren– o el supuestamente noble deseo de "mejorar la humanidad" a través de la ingeniería genética o la clonación humana. C.S. Lewis nos recuerda que los intentos de mejorar la humanidad son, al final de cuentas, esfuerzos para mejorar el estado de algunos humanos a expensas de otros segmentos de la humanidad. Por ejemplo, la investigación científica sobre células embrionarias promete mejorar la vida de las personas con diabetes o de aquellas que sufren de Parkinson, pero tal avance puede tener lugar sólo si se destruye a seres humanos que están en formación. Nunca se debe permitir que sean aceptadas las apelaciones a la compasión que permiten acciones malévolas aunque algunos digan que buscan conseguir un bien.

Los seres humanos hemos sido creados para vivir. Fuimos hechos no sólo para la existencia biológica, sino también para tener vida con Dios en el tiempo y en la eternidad. Hemos sido creados para lo que la Biblia llama la vida eterna (ver Juan 5:21; 6:63; 10:10; 11:25; 14:6). La vida es temer, amar, y confiar en el Dios trino sobre todas las cosas. Aparte del Dios trino sólo hay muerte, incluso en los proyectos que hemos creído – equivocadamente– que son para mejorar la vida.

Los diez mandamientos nos ponen en contacto con la vida en este mundo. Éstos señalan las exigencias que hacen que la vida siga siendo vida humana. Los tres primeros mandamientos tratan de la vida *coram deo*, delante de Dios. Los mandamientos del cuarto al décimo tienen que ver con nuestra vida en la presencia de otros seres humanos, *coram homnibus*. El primer mandamiento es la fuente de origen de los otros mandamientos y está enraizado en cada uno de ellos. Dios, que es Señor sobre toda vida, es un Dios celoso. Él no nos quiere compartir con ningún ídolo. Nos prohíbe intercambiar su verdad por una mentira y adorar a una criatura en lugar de al Creador (ver Romanos 1:25).

Cuando se emprende este intercambio fatal, la vida se vuelve realmente subhumana. Los mandamientos del dos al diez diagnostican la enfermedad que se hace evidente con el uso supersticioso del nombre de Dios, el descuido de su Palabra, la falta de respeto a los padres, el asesinato del inocente, la violación de la unión matrimonial, el robo de la propiedad, el abuso de la verdad y la vida codiciosa. Siempre que los mandamientos se quebrantan, se desordena la vida. Más aún, la vida se expone a la ira de Dios. Es por esto que Lutero concluye su explicación de los mandamientos con estas palabras: "*Dios amenaza castigar a todos los que traspasan estos mandamientos. Por lo tanto, debemos temer su ira y no actuar en contra de dichos mandamientos. En cambio, él promete gracia y todo género de bienes a todos los que los cumplen. Por tanto, debemos amarlo y confiar en él y actuar gustosos conforme a sus mandamientos.*"

Preguntas para estudio y discusión

1. Lea el Salmo 100:2. ¿Cómo describe el salmista nuestra condición de ser criaturas?
2. Lea Génesis 3:1-7. ¿Qué creía Eva? ¿Cómo se repite esta creencia falsa? (Ver Romanos 1:24-25).
3. En Génesis 1:26-27, ¿cómo se describe la imagen de Dios? ¿Qué pasa cuando los seres humanos quieren ser Dios en vez de ser criaturas que fueron hechas a su imagen?
4. El escritor cristiano C.S. Lewis mostró preocupación por los proyectos diseñados para mejorar la humanidad a expensas de otros segmentos de la familia humana. Mencione algunos ejemplos de estos proyectos fallidos.
5. ¿Cómo define la Biblia la vida eterna? (Ver Juan 5:21; 6:63; 10:10; 11:25; 14:6).
6. Los diez mandamientos, ¿cómo nos ponen en contacto con la vida en este mundo tanto ante Dios como ante la presencia de otros seres humanos?
7. Todos los mandamientos están enraizados en el Primer Mandamiento. ¿Cómo?

Imagen en p 14: Adán y Eva. *Durero en América: Su obra gráfica*, Charles W. Talbot, editor. (New York: Macmillan, 1971).

Génesis 3:4—"*Entonces la serpiente le dijo a la mujer: 'No morirán.'*" Por creer en la mentira satánica en lugar de creer la palabra de Dios, Adán y Eva dejaron de confiar en el Creador para todo lo bueno.

Tres

"Una vez así creados varón y hembra, el hombre ahora es procreado a través de su sangre por medio de la bendición divina. Aunque esta procreación es algo que el hombre tiene en común con los animales, esto no disminuye en nada la gloria de nuestro origen, a saber, que somos vasijas de Dios, formadas por Dios mismo, que él es nuestro alfarero y nosotros su barro, como lo dice Isaías 64:8. Y esto es verdadero no sólo con respecto a nuestro origen, sino también a lo largo de nuestra vida; hasta nuestra muerte y aun en la tumba, seguimos siendo el barro de este alfarero."

–Lutero (Discursos sobre Génesis AE 1:84)

El matrimonio de la virgen

¿Cómo es que Dios da la vida?

Referencias del Catecismo Menor de Lutero:
El Credo—Primer Artículo
El Padrenuestro—Cuarta Petición
El Sexto Mandamiento
Explicación del Catecismo Menor, preguntas 97-98, 102-103, 105-107, 55-56

"*Dios me ha creado y también a todas las criaturas*"; dice la explicación del primer Artículo de El Credo Apostólico. Lutero no discute la veracidad de Génesis capítulos 1 y 2, sino que la da por sentada y señala que Dios es mi hacedor. La narrativa bíblica sobre la creación excluye tres alternativas populares. El materialismo, que sostiene o alega que el universo es producto del azar evolucionario. El panteísmo, que ve al universo permeado por energía divina. Y el deísmo, que acepta que hay un creador pero niega que este dios gobierne activamente y sustente la obra de sus manos. Frente a estas falsas concepciones sobre la creación se halla la verdad de que Dios, el Padre todopoderoso, es el creador del cielo y de la tierra. Ser una criatura es depender del creador en todo lo que concierne a la vida.

El mismo Señor Dios que forjó el universo con el sonido de su voz me ha hecho a mí. Como ya hemos visto, la vida no existe aparte de él. Dios formó a Adán del polvo de la tierra soplando en él el aliento de vida (Génesis 2:7). Mientras Adán dormía profundamente, Dios tomó de su costado abierto una de sus costillas y de su carne creó una mujer (Génesis 2:21-23). Pero ¿cómo da vida Dios ahora?

Dios da vida a través de la unión en una sola carne del hombre y la mujer. A Martín Lutero le gustaba usar la imagen de máscaras cuando hablaba sobre la obra de Dios. Dios "se oculta" detrás de las máscaras que son el hombre y la mujer para crear y sostener la vida de un nuevo ser. Es a través de la unión en una sola carne del hombre y la mujer que Dios está creando vida hoy en día tal como lo hizo en el Edén. En esta unión, el hombre y la mujer no son intercambiables. Las características distintivas del varón y de la mujer son realidades biológicas que tienen significado espiritual. La distinción que Dios hace entre hombre y mujer no puede ser anulada apelando a la ideología del igualitarismo. El hecho de que seamos igualmente hijos del mismo Padre, redimidos por su Hijo, y que tengamos acceso a él por el Espíritu, no anula el don ni la vocación –de ser hombre o mujer– que se les ha dado a las criaturas.

Comúnmente hablamos de la concepción y del nacimiento de niños como reproducción. Sin embargo, esta palabra es engañosa puesto que carga con la imagen de una fábrica y de una línea de ensamblaje. Es más apropiado usar la palabra procreación en vez de reproducción. El término procreación ilustra mejor la realidad de la creación. Somos creados, no manufacturados ni producidos en masa. Las Escrituras usan el término *engendrado* cuando se refieren a la concepción y al nacimiento. Este término trae a la mente las palabras del Credo Niceno y su confesión de la verdadera divinidad del Hijo, que fue "engendrado y no hecho". El lenguaje que usa el Credo trata de una relación. Por otro lado, la palabra reproducción nos invita a pensar en términos de un producto. Esto hace fácil tratar a los productos con defectos como si fueran descartables.

Los niños no son nuestros productos. Cuando pensamos en los niños como si fueran un producto del logro humano, comenzamos a pensar en ellos como en algo que es nuestro por derecho, en algo que estaríamos dispuestos a hacer cualquier cosa para poder tenerlos. Es por esto que hay parejas que intentan tener hijos a través de la fertilización *in vitro* usando el huevo o el esperma de un donante, un proceso que fractura la unión de una sola carne entre el esposo y la esposa, la que el Sexto Mandamiento busca conservar. De igual modo, emplean otra forma de "tecnología reproductora" en la que varios huevos son fertilizados, pero sólo un embrión es implantado, mientras que los huevos restantes son destruidos. Entonces el deseo de concebir y dar nueva vida se cumple, pero "las sobras", los embriones restantes, quedan condenados a morir. En cambio, los padres cristianos dan la bienvenida a sus hijos, no como un derecho indiscutible, sino como un regalo, una herencia que el Señor Dios les ha encomendado (ver el Salmo 127:3). Con este regalo viene la responsabilidad de una vocación: el llamado a ser padres.

La creación de la humanidad como hombre y mujer, de parte de Dios, es fundamental. Es por esto que en El Catecismo Mayor Lutero escribe que Dios desea que nosotros honremos el matrimonio. "Él ha establecido el matrimonio como la primera institución antes que todas las demás y creó al hombre y a la mujer diferentes (como es evidente) no para indecencia, sino para que fueran fiel el uno al otro, se multiplicaran, engendraran niños, los nutrieran, y los criaran para la gloria de Dios."[3] No somos sólo personas, sino hombres y mujeres, creados para tener vida con Dios y con otros de acuerdo al designio que Dios ha establecido en la creación misma. Tenemos identidad humana como hombre y mujer. La estructura misma de la humanidad es heterosexual por naturaleza. Cuando se niega esta estructura, la vida en sí misma pierde su orden y al final de cuentas se hace imposible.

No nos debería sorprender que las denominaciones religiosas que hace cuatro décadas decidieron pasar por alto la prohibición bíblica acerca de la mujer en el oficio pastoral (ver 1 Corintios 14:33-34 y 1 Timoteo 2:11-14) introduciendo así desorden en la iglesia, ahora estén dispuestas a aprobar las uniones homosexuales y la ordenación de homosexuales en el ministerio. La vida en la iglesia sigue la buena obra de Dios en la creación (ver Efesios 5:22-33). Nos ponemos fuera de la esfera de la bendición de Dios, cuando las distinciones de género ordenadas por Dios son ignoradas o rechazadas.

Preguntas para estudio y discusión

1. Repase la explicación de Lutero sobre el Primer Artículo. La explicación de Lutero, ¿cómo contrasta con el materialismo, el panteísmo, y el deísmo?
2. Lea Génesis 2. ¿Cómo es que Dios les dio la vida a Adán y a Eva? ¿Cómo es que Dios da la vida humana ahora?
3. ¿Cuál es el peligro de hablar de reproducción en vez de hablar de procreación?

4. El Sexto Mandamiento desea proteger la unión en una sola carne que existe entre el hombre y la mujer. La fertilización *in vitro* y su uso de huevos o esperma donados, ¿cómo destruye esta unión?

5. Las Escrituras, ¿ven a los niños como un derecho o como un regalo? (Lea el Salmo 127:3).

6. Los seres humanos existen como hombre y mujer. ¿Cuál es la importancia de esta distinción entre los sexos?

7. ¿Qué pasa cuando la distinción de ser ya sea hombre o mujer se rechaza o se ignora?

Imagen en p 20: El matrimonio de la virgen. *Todos los grabados en madera de Albrecht Dürer*, Willi Kurth, editor. (New York: Arden Book Company, 1936).

Efesios 5:31b-32— "'*Y los dos serán una sola carne.' Grande es este misterio, pero yo me refiero a Cristo y a la iglesia.*" Con esta unión de hombre y mujer, Dios continúa creando vida a través de la vocación de los padres, de la misma manera que él crea y mantiene la vida de su novia, la iglesia.

Cuatro

"Porque Dios nos gobierna de tal manera que no quiere que seamos holgazanes. Él nos da alimento y ropa, pero de tal manera que debemos arar, sembrar, cosechar, y cocinar. Además, nos da descendencia que nace y crece por la bendición de Dios. Ésta debe ser, a pesar de todo, apreciada, cuidada, educada e instruida por los padres. Y entonces, cuando hemos hecho lo que podemos, debemos encomendar a Dios lo demás y dejar nuestras preocupaciones al Señor; porque él obrará."

–Lutero (Discursos sobre Génesis AE 8:94)

Maná del cielo en el desierto

¿Cómo sustenta Dios la vida?

Referencias del Catecismo Menor de Lutero:
El Credo—Primer Artículo
El Padrenuestro—Cuarta Petición
Explicación del Catecismo Menor, preguntas 219-222

Al desarrollar su explicación de la confesión "*Creo que Dios me ha creado a mí y también a todas sus criaturas*", Lutero describe lo que Dios nos ha dado y continúa dando. Primero, el Padre nos ha dotado con dones corporales como "*mi cuerpo y alma, ojos, oídos y todos los miembros, la razón y todos los sentidos, y aun los sostiene*". Todo lo que tiene que ver con nuestra vida corporal es un don de Dios. Después de esto, Lutero explica cómo es que Dios cuida de la vida humana que él ha creado: "*Me ha dado... además vestido y calzado, comida y bebida, casa y hogar, esposa e hijos, campos, ganado y todos los bienes... me provee abundantemente y a diario de todo lo que necesito para sustentar el cuerpo y la vida.*" La provisión continua de Dios es lo que llamamos "el pan nuestro de cada día" en el Padrenuestro y es el medio por el que él sustenta la vida de sus criaturas. El Dios que abre su mano para satisfacer los deseos de cada criatura viviente (ver Salmo 145:15-16) es el Señor de cuya bondad depende nuestra vida. Dios nos da el pan diario porque sin él moriríamos. Él nos usa para que seamos "el pan de cada día unos para otros", como Lutero comentó una vez. Esto quiere decir que somos el pan diario para nuestro prójimo así como nuestro prójimo se convierte en el pan diario para nosotros. Éste es el plan maravilloso de nuestro Padre celestial. Por lo tanto no debemos negar el pan diario de nutrición e hidratación a nuestro prójimo incluso cuando esté muriendo. Los cristianos reconocemos que Dios usa a los seres humanos para obstaculizar la muerte y extender la vida.

De vez en cuando oímos a personas bien intencionadas que hacen comentarios como "yo no quiero ser una carga para nadie". Sin embargo, Dios tiene un designio diferente. En su bondadosa voluntad de salvarnos, Dios ha tomado sobre sí –en su Hijo– toda la carga de nuestro pecado. Él nos ha librado para que seamos tanto los que llevan las cargas como las cargas mismas. Pablo exhorta a los Gálatas: "Sobrelleven los unos las cargas de los otros, y cumplan así la ley de Cristo" (Gálatas 6:2). No sólo tenemos que cuidar de aquellos cuya vida se ha convertido en una carga ya sea por enfermedad o accidente, por las pérdidas o por la ancianidad, sino que también debemos llegar a ser humildes al punto de recibir el servicio amoroso que otros nos prestan a nosotros. No debemos sentirnos avergonzados de ser una carga para otros, puesto que al ser carga les estamos dando a nuestros hermanos y hermanas en Cristo la oportunidad de cumplir su vocación de llevar "los unos las cargas de los otros", por amor a Jesús.

Por la fe, confesamos la explicación de Lutero del Primer Artículo, reconociendo que todo lo que somos y tenemos son dones provenientes del Padre. La vida no se califica como buena debido a su calidad, sino porque ha sido dada por el Padre que es amor. Existe una historia sobre un estudiante que intentó tenderle una trampa a Edmund Schlink, que en la generación anterior había sido un reconocido profesor de teología sistemática en la Universidad de Heidelberg. Schlink estaba dando una conferencia sobre la frase: "*Dios me ha dado mi cuerpo y alma, ojos, oídos y todos mis miembros.*" El estudiante le preguntó: "Profesor, ¿cómo puede confesar todo esto una persona ciega?" El Dr. Schlink respondió: "Por la fe." Con esa respuesta sencilla, Schlink estaba haciendo eco de un sermón que Lutero había predicado el lunes de Pentecostés en 1534. Lutero dijo: "El dar, cuando proviene de amor verdadero, hace que el regalo sea más grande y más precioso. Como solemos decir: me hace feliz porque es un regalo de amor, si sé que fue dado de corazón. Por otro lado, si dudamos de la existencia del amor sincero en la persona que da, no valoramos mucho este regalo. Por lo tanto, si Dios nos ha dado sólo un ojo, un pie o una mano y estamos convencidos de que él lo hizo por amor divino y paternal, entonces ese ojo, pie o mano serán valorados por nosotros de igual manera que si nos hubieran dado mil ojos, pies o manos".[4] La bondad no se encuentra en el regalo, sino en el dador del regalo. Es el dador el que hace que el regalo sea algo bueno que deba ser apreciado, cuidado, y protegido.

Preguntas para estudio y discusión

1. ¿Cómo influye el Salmo 145:15-16 en la explicación de Lutero tanto del Primer Artículo del Credo como de la Cuarta Petición del Padrenuestro?
2. ¿De qué manera somos "el pan diario los unos a los otros"? ¿Cuáles son las implicaciones que esta enseñanza tiene en la manera en que nosotros cuidamos de los moribundos?
3. ¿Cómo le respondería usted a una persona anciana o que sufre de una enfermedad crónica y que dice "no quiero ser una carga para nadie"? (Ver Gálatas 6:2).
4. Tenemos la tentación de juzgar la vida en base a su habilidad, su atractivo u otras características que podrían darle más valor. ¿Cómo nos enseña el Primer Artículo a valorar la vida humana?

Imagen en p 26: *Maná del cielo en el desierto*. Colección de la Reforma de Richard C. Kessler; Biblioteca Teológica de Pitts, Escuela de Teología de Chandler, Universidad de Emory.

Éxodo 16:15b—*"Entonces Moisés les dijo: 'Es el pan que el Señor les da para comer.'"* Así como Dios dio clementemente a su pueblo el pan diario en el desierto, así también hoy día él continúa alimentando a los cristianos con el pan del cielo para que sean instrumentos de la misericordia de Dios en un mundo moribundo.

Cinco

"Debido a que un verdadero cristiano vive y labora en la tierra no para beneficio propio solamente, sino también para su prójimo, él hace –por la propia naturaleza de su espíritu– aun aquello de lo cual no tiene necesidad pero que es necesario y útil para su prójimo. Debido a que la espada es muy necesaria y de mucho beneficio para todo el mundo para conservar la paz, castigar el pecado y refrenar al malvado, el cristiano se somete de buena gana al gobierno de la espada, paga los impuestos, respeta a las autoridades, sirve, ayuda, y hace todo lo posible para colaborar con la autoridad que gobierna, de modo que ésta pueda seguir funcionando con honor y temor. Aunque no tiene necesidad de estas cosas en sí mismo, pues no son esenciales para él, de todos modos, se preocupa por lo que es útil y de beneficio para otros como Pablo enseña en Efesios 5:21-6:9."

–Lutero ("La autoridad temporal: hasta qué punto se le debe obedecer" AE 45:94).

San Miguel lucha con el dragón

¿Cómo protege Dios la vida?

Referencias del Catecismo Menor de Lutero:
El Credo—Primer Artículo
Explicación del Catecismo Menor, preguntas 108-110

Hay un aspecto final en la descripción de Lutero acerca de cómo Dios cuida la vida: *"Me protege de todo peligro y me guarda y preserva de todo mal."* Dios ha instituido el gobierno con el fin de refrenar a los poderes que son difíciles de controlar, de modo que la vida no se precipite al caos y finalmente quede destruida (ver Romanos 13:1-7). Los que tienen cargos políticos son herramientas en las manos de Dios aunque en la ceguera de su falta de fe, no lo reconozcan. Los que promulgan y administran las leyes en la tierra lo hacen como "máscaras de Dios" puesto que tras la obra de ellos Dios desea defender, cuidar, y proteger a sus criaturas. Al elegir líderes sabios y justos, los creyentes no intentan cristianizar la esfera política, sino que al actuar como ciudadanos le piden al gobierno hacer aquello para lo que ha sido llamado, es decir proteger y defender la vida humana. A todo este ordenamiento Lutero lo llama el gobierno de la mano izquierda de Dios. Aunque estas instituciones terrenales se encuentran dañadas por el pecado y a menudo pervertidas por el interés personal, Dios las usa para prevenir la anarquía y el derrumbamiento completo de la sociedad.

Dios es Señor sobre todo lo que ha creado. Su gobierno no se limita sólo a lo que se podría llamar la dimensión espiritual de la vida. Más bien, él obra de dos maneras diferentes en el mundo. A través del gobierno de su mano derecha reina sobre su iglesia por medio del evangelio que proclama el perdón de los pecados por causa de Cristo. En este gobierno, los hijos de Dios viven por la fe, no por las obras. A través del gobierno de su mano izquierda, Dios obra mediante la ley para conservar la obra de sus manos con el fin de que los efectos del pecado que corrompen y corroen se mantengan bajo control. Los cristianos no se apartan del mundo para entrar en una esfera que es exclusivamente espiritual, sino que viven en el mundo, al cumplir con su vocación para el bien del prójimo. Así el artículo XVI de la Confesión de Augsburgo afirma: "Porque el evangelio transmite una justicia eterna del corazón, ellos (los luteranos) condenan a los que ubican la perfección evangélica no en el temor de Dios ni en la fe, sino en el abandono de las responsabilidades civiles. Mientras tanto, el evangelio no deshace el gobierno civil ni la familia, sino que especialmente exige tanto su conservación porque son ordenanzas de Dios como el ejercicio del amor por medio de ellas"[5]

Bajo el Primer Mandamiento, la vida encuentra su realización no en alejarse del mundo, sino en una vida de fe y amor llevada dentro de las varias vocaciones que cada uno tiene en este mundo. Es aquí donde Dios usa nuestras diversas vocaciones para proteger y sustentar la vida humana. Es así como los cristianos funcionan en los deberes de ciudadanía y gobierno para ayudar a mantener una comunidad cívica que trata con justicia y compasión a toda vida humana.

Dios también defiende y cuida la vida humana de maneras que mayormente quedan ocultas para nosotros. El Señor usa a sus ángeles para cuidar y ayudar a sus pequeños (ver Salmo 91:11-12). Jesús nos advierte acerca de menospreciar a "estos pequeños" que creen en él, porque "sus ángeles en los cielos ven siempre el rostro de mi Padre que está en los cielos" (Mateo 18:10). Aun en formas que no podemos llegar a comprender, el Señor cuida de los débiles y desprotegidos que se encuentran al margen de la vida. El catecismo nos enseña a reconocer esto en la manera en que oramos. En la oración de la mañana y la de la noche escrita por Lutero, le pedimos al Padre: *"En tus manos encomiendo mi cuerpo, mi alma y todo lo que es mío. Tu santo ángel me acompañe, para que el maligno no tenga ningún poder sobre mí."* Por siglos, los luteranos –anticipando la muerte– han cantado y orado las palabras del himno de Martin Schalling:

> Señor, deja que al final vengan tus ángeles,
> Y llévame a casa, al seno de Abrahán,
> Y permite que muera sin temor.

Guarda en su estrecho aposento
Mi cuerpo en sueño de paz
Hasta tu reaparición.

Y entonces despiértame de la muerte
Para que estos mis ojos puedan ver,
Oh Hijo de Dios, tu glorioso rostro,
Mi Salvador y fuente de gracia.
Señor Jesús, oye mi oración, oye mi oración.
Y te adoraré por la eternidad. (TLH 429:3)

Preguntas para estudio y discusión

1. ¿Cómo quiere Dios defender, cuidar y proteger la vida humana en el mundo? (Ver Romanos 13:1-7).
2. ¿Qué lugar ocupa el cristiano en el gobierno civil?
3. ¿Cuáles son las metas correctas del cristiano en la comunidad civil?
4. Dios protege la vida humana no sólo a través de la estructura gubernamental y de la ley civil que son sus instrumentos, sino también por medio del ministerio de sus santos ángeles. (Ver el Salmo 91:11-12 y Mateo 18:10). ¿Cómo muestran los ángeles el cuidado providencial de Dios por la vida humana que se encuentra débil y en peligro?
5. Medita en la estrofa final del himno de Martin Schalling (TLH 429:3). ¿Cómo protege Dios nuestra vida aun en la muerte?

Imagen en p 32: San Miguel lucha con el dragón. *Todos los grabados en madera de Albrecht Dürer*, Willi Kurth, editor. (New York: Arden Book Company, 1936).

Apocalipsis 12:10a, 12b—"*Entonces oí una gran voz en el cielo, que decía:...Ay de los moradores de la tierra y del mar, porque el diablo ha descendido a ustedes con gran ira...*" La vida humana necesita protección del pecado y de Satanás. Entonces Dios, por medio de sus agentes designados -los ángeles, el gobierno, los que sirven en vocaciones de auxilio y los cristianos- defiende, cuida y protege a nuestro prójimo.

SEIS

"Porque confieso y soy capaz de probar con las Escrituras que todos los hombres han descendido de un hombre, Adán. Y de este hombre, por medio de su nacimiento, todos adquieren y heredan la caída, la culpa, y el pecado, que el mismo Adán, debido a la iniquidad del diablo, cometió en el paraíso. Así que todos los hombres al igual que él, nacen, viven, y mueren también en pecado y sería necesario que se condenaran a la muerte eterna si Jesucristo no hubiera venido a ayudarnos al tomar sobre sí mismo la culpa y el pecado –como un cordero inocente– y al pagar por nosotros con su sufrimiento, y si él no hubiera intercedido y abogado por nosotros como mediador fiel y misericordioso, Salvador, el único sacerdote y obispo de nuestra alma. Con esto, rechazo y condeno como error absoluto todas las doctrinas que glorifican nuestro libre albedrío como diametralmente contrarias a la ayuda y gracia de nuestro Salvador Jesucristo. Fuera de Cristo, la muerte y el pecado son nuestros amos y el diablo es nuestro dios y señor, y no existe ningún poder ni habilidad, ni destreza ni razón con la cual podamos prepararnos para la justicia y la vida ni buscarlas. Por el contrario [es decir sin Cristo], debemos permanecer incautos y cautivos del pecado, propiedad del diablo para hacer y pensar lo que les agrada a ellos y es contrario a Dios y a sus mandamientos."

–Lutero ("Confesión respecto a la Cena de Cristo" OL Vol. 5, p. 530)[6]

La adoración al Cordero y el himno de los escogidos

¿QUÉ ES LO QUE DA VALOR A LA VIDA?

Referencias del Catecismo Menor de Lutero:
El Credo—Primer Artículo
Explicación del Catecismo Menor, preguntas 111-112

En el corazón de la teología luterana está la verdad bíblica de que somos justificados sólo por la fe aparte de las obras de la ley (ver Romanos 3:21-28; Gálatas 2:16). En su explicación del Primer Artículo, Lutero ve los dones de la creación a la luz de esta verdad, y por esta razón confiesa: *"Todo esto por pura bondad y misericordia paternal y divina, sin que yo en manera alguna lo merezca ni sea digno de ello."* El mérito y el valor de la vida no son determinados por nada en nosotros: nuestra apariencia física, capacidad mental, habilidades corporales, o la calidad de nuestra vida. La misericordia paternal y la bondad divina de Dios dan a la vida su valor y aprecio.

Esto es muy diferente de la manera en que nuestra cultura evalúa el valor y el mérito de la vida. Nuestra cultura argumenta que a los que aún no han nacido no se les debe conceder la protección de la ley puesto que aún no poseen las características de una persona. Algunos dicen que si el feto no es capaz de una vitalidad o existencia sustentada por sí mismo fuera del útero, entonces no podría asignársele la dignidad de quien sí posee tal capacidad. Otros sostienen que a menos que la criatura aún no nacida sea deseada por su madre, no tiene derecho a existir. Así mismo, escuchamos el argumento de que al final de la vida, la vida de algunas personas no tiene "valor". Como por ejemplo: los que padecen de enfermedades terminales, las personas que se encuentran en un "estado vegetativo persistente" o las que están severamente discapacitadas.

Sin embargo, los cristianos valoran a los seres humanos y cuidan de ellos en cada etapa de su vida, desde su concepción hasta su muerte natural, no porque ellos posean ciertas características físicas, rasgos o capacidades mentales, sino porque ellos fueron creados por Dios y dotados de vida. Este valor o mérito no se basa en lo que tenemos, ni siquiera en lo que somos, sino en *a quién pertenecemos*: seres humanos que han sido creados y redimidos en cuerpo y alma por el Dios trino. La dignidad no es un valor que podamos asignarle a la vida basándonos en nuestra propia estimación de valor. La dignidad viene desde afuera de nosotros mismos, de nuestro Creador *"sin que yo en manera alguna lo merezca o sea digno de ello"*.

Preguntas para estudio y discusión

1. En el Primer Artículo, ¿cómo explica Lutero, la verdad de que somos justificados por la fe?
2. Nuestra cultura, ¿cómo calcula el valor o el mérito de la vida?
3. La frase de Lutero "sin que yo en manera alguna lo merezca o sea digno de ello", ¿cómo se aplica a la manera en que cuidamos de todos los seres humanos, desde la concepción hasta la muerte natural?

Imagen en p 38: La adoración al Cordero y el himno de los escogidos. *Todos los grabados en madera de Albrecht Dürer*, Willi Kurth, editor. (New York: Arden Book Company, 1936).

Apocalipsis 7:9a, 10—"*...una gran multitud...clamando a una gran voz, diciendo: '¡la salvación pertenece a nuestro Dios...y al Cordero!'*" En virtud de la creación divina, Dios ha otorgado valor a toda vida: una dignidad que tiene su valor fundamental en el hecho de que se basa en la sangre del "Cordero que fue inmolado".

Siete

"No hubo consejo, ni auxilio ni consuelo hasta que éste, el único y eterno Hijo de Dios, en su bondad sin medida, tuvo piedad de nosotros a causa de nuestra miseria y aflicción y descendió del cielo para socorrernos. Ahora, todos los tiranos y carceleros han sido echados fuera y su lugar ha sido tomado por Jesucristo, el Señor de vida, justicia, de todo bien y bendición. Él nos ha arrebatado, a nosotros pobres y perdidas criaturas, de las fauces del infierno, nos ha rescatado, nos ha hecho libres y nos ha restaurado al favor y la gracia del Padre. Como su posesión nos ha puesto bajo su protección y amparo, de modo que pueda gobernarnos con su justicia, sabiduría, poder, vida, y bienaventuranza."

–Lutero (CM, Parte II: 29-30, p. 441)

La resurrección de Cristo

¿Qué tiene que ver la redención con la vida corporal?

Referencias del Catecismo Menor de Lutero:
El Credo—Segundo Artículo
Explicación del Catecismo Menor, preguntas 120-123, 126-131

Existe la tendencia ya sea de idolatrar el cuerpo o de ignorarlo. Por un lado, nuestra cultura glorifica la búsqueda del cuerpo perfecto: joven, en buena forma, atractivo, y saludable. Por otro lado, existen los que se dedican al estudio de la ética que lamentan un "enfoque excesivamente físico" -específicamente en lo referente a la homosexualidad- y que argumentan que más bien se deberían enfatizar las dimensiones intangibles como la libertad de expresión personal y la calidad de las relaciones. Ninguno de estos dos extremos coincide con la fe cristiana, puesto que el Hijo de Dios asumió carne y sangre humana para redimirnos en cuerpo y alma. Dios crea el cuerpo, lo redime, lo santifica, y lo destina para la resurrección. Las palabras que el pastor predica en el sepelio, frente a la tumba, nos dicen sobre la vida: "Que Dios el Padre, creador de este cuerpo, que Dios el Hijo que con su sangre redimió este cuerpo, y que Dios el Espíritu Santo que por medio del Santo Bautismo santificó este cuerpo como su templo, conserven estos restos mortales hasta el día de la resurrección de toda carne."[7]

El Hijo de Dios tiene un cuerpo. Jesús fue concebido en el vientre de María por el Espíritu Santo y creció como un embrión durante los nueve meses de gestación hasta su nacimiento. Con su encarnación, Jesús santificó la vida que se encuentra en el útero materno. La redención no es solamente una transacción espiritual. Se llevó a cabo por medio de Jesucristo en su cuerpo y sangre. Entonces, el catecismo nos recuerda que Jesucristo, verdadero Dios engendrado del Padre en la eternidad y también verdadero hombre, nacido de la virgen María *"me ha redimido, a mí hombre perdido y condenado, y me ha rescatado y librado de todos los pecados, de la muerte y del poder del diablo, no con oro ni plata, sino con su santa y preciosa sangre y con su inocente pasión y muerte"*.

Nuestro cuerpo no nos pertenece, sino que fue comprado por un precio. Éste es el argumento que Pablo usa para afianzar su enseñanza en contra de la inmoralidad sexual: "...ustedes no son dueños de sí mismos... Porque ustedes han sido comprados; el precio de ustedes ya ha sido pagado. Por lo tanto, den gloria a Dios en su cuerpo (1 Corintios 6:19-20). Usted no se pertenece a sí mismo y esto es una buena noticia. El Segundo Artículo del Credo, al igual que el Primero, nos muestra que ¡la autonomía es una mentira! En contraste con la seductora tentación de ser autónomos –una tentación que sólo nos arrastra hacia el fondo de la desesperación y nos enreda en una vida que al final de cuentas resulta ser un callejón sin salida– el catecismo nos recuerda una promesa mucho más liberadora y amplia. Nos promete vida en Jesús, que ha resucitado corporalmente de la tumba. Él ha redimido nuestro cuerpo y alma *"y todo esto lo hizo para que yo sea suyo y viva bajo él en su reino, y le sirva en justicia, inocencia y bienaventuranza eternas, así como él resucitó de la muerte y vive y reina eternamente. Esto es con toda certeza la verdad."* Y porque esto es con toda certeza la verdad, todas las promesas vacías de la autonomía son desenmascaradas y se nos muestran tal como son: mentiras del padre de la mentira.

Preguntas para estudio y discusión

1. ¿Cómo se manifiesta la tendencia de nuestra cultura de idolatrar el cuerpo o ignorarlo?
2. Las palabras que dice el pastor en un sepelio, ¿qué nos dicen sobre el valor que el Dios trino da a nuestro cuerpo?
3. La encarnación, ¿qué tiene que ver con la manera en la que tratamos la vida corporal en todas sus etapas?

4. Lea 1 Corintios 6:19-20 a la luz de la explicación que Lutero da al Segundo Articulo. ¿A quién le pertenece nuestro cuerpo? ¿Qué significa esto para la manera en que usamos nuestro cuerpo?

5. ¿Cuál es el destino de nuestro cuerpo?

Imagen en p 42: La resurrección de Cristo. *Todos los grabados en madera de Albrecht Dürer*, Willi Kurth, editor. (New York: Arden Book Company, 1936).

> Lucas 24:39b – *[Jesús dijo] "Tóquenme y véanme: un espíritu no tiene carne ni huesos, como pueden ver que yo tengo."* Cristo resucitó corporalmente de la muerte. Su resurrección física es la garantía de la redención de nuestra persona en su totalidad: alma y cuerpo.

Ocho

"Cristo afirma claramente: 'Y ustedes están limpios por la palabra que les he hablado' (Juan 15:3). Esto no es nada más que el sermón completo de Cristo: Él fue enviado al mundo por el Padre para redimirnos de nuestro pecado mediante su sufrimiento y muerte, para reconciliarnos con el Padre de modo que todo aquel que en él crea no se pierda y sea condenado, sino que obtenga el perdón de los pecados y la vida eterna a causa de él. Esta Palabra hace que el hombre quede limpio cuando el corazón se apropia de ella en fe; esto quiere decir que brinda el perdón de los pecados y hace que el hombre sea aceptable ante Dios. A causa de esta fe, por la que la Palabra se recibe y se entiende, nosotros que nos aferramos a ella, somos considerados completamente puros y santos ante Dios, aunque –debido a nuestra naturaleza y a nuestra vida– no seamos lo suficientemente limpios, sino que durante nuestro viaje aquí en la tierra somos infectados siempre por el pecado, la debilidad, y los defectos, los que todavía deben ser purgados."

–Lutero ("Sermones sobre el Evangelio de San Juan 14-16" AE 24:211)

La crucifixión

¿Cómo hace Dios que la vida sea santa?

Referencias del Catecismo Menor de Lutero:
El Credo—Tercer y Segundo Artículos
Explicación del Catecismo Menor, preguntas 156-163, 150

El lenguaje de la decisión y de los derechos es lo que determina el vocabulario que se relaciona con la autonomía. Si usted piensa que su vida le pertenece, entonces naturalmente pensará que ésta está gobernada por las decisiones que usted tiene todo el derecho de tomar. Es así como surge el lenguaje de "*pro-choice*"[1] en relación al aborto. Además, ahora se nos habla del "derecho a morir" como un elemento más de la larga lista de opciones que quedan a nuestra disposición personal. No nos debería sorprender que esta forma de pensar haya venido a caracterizar una cultura que ha reducido a Dios a uno de los muchos objetos a los que tenemos la libertad de escoger por nosotros mismos.

Sin embargo, en la Biblia, la vida con Dios no es una vida que podemos escoger por nosotros mismos. De acuerdo a las Escrituras, todos los que viven apartados de la fe en Jesucristo están muertos en el pecado (ver Efesios 2:5). Un cadáver no puede elegir estar vivo. Dios nos da la vida a través del Espíritu: "*Creo que ni por mi propia razón, ni por mis propias fuerzas soy capaz de creer en Jesucristo, mi Señor, ni allegarme a él; sino que el Espíritu Santo me ha llamado mediante el evangelio, me ha iluminado con sus dones, y me ha santificado y conservado en la verdadera fe.*"

1 Nota del traductor: "Pro-choice" (pro-elección) se usa comúnmente como una descripción de la posición que algunos toman con respecto a varias cuestiones éticas y sociales que tratan de la autonomía personal, como, por ejemplo, entre otras, el derecho de la mujer a decidir si desea o no tener un aborto y el derecho de elegir si desea o no ponerle fin a la vida a través de la eutanasia o del suicidio asistido.

Es a través de las buenas nuevas del perdón de los pecados comprados y obtenidos por Jesús en la cruz, que el Espíritu obra para crear confianza en él. Esto es la fe.

El Espíritu Santo nos santifica –nos hace santos– al llevarnos a Jesucristo. Lutero lo describe de la siguiente manera en El Catecismo Mayor: "En efecto, ni tú ni yo podríamos saber jamás algo de Cristo, ni creer en él, ni recibirle como nuestro Señor, si primero el Espíritu Santo no nos ofreciera estas cosas por la prédica del evangelio y las plantara en nuestro corazón como un don. La obra está finalizada y consumada, pues Cristo logró y adquirió para nosotros este tesoro con su sufrimiento, muerte, y resurrección, etc. Pero, si esta obra permaneciera oculta, sin que nadie supiera de ella, todo habría sucedido en vano y habría que darlo por perdido. Ahora bien, a fin de evitar que el tesoro quedara sepultado y para que fuera puesto en uso y aprovechado, Dios ha enviado y anunciado su Palabra, dándonos con ella el Espíritu Santo, para ofrecernos y adjudicarnos este tesoro, [es decir] esta redención. Por consiguiente, ser hecho santo no es otra cosa que conducirnos al Señor Cristo con el fin de recibir esta bendición, la que no podríamos alcanzar por nosotros mismos."[8]

Bajo el señorío de la palabra perdonadora de Jesús, nuestro cuerpo es apartado, hecho santo. En realidad, el apóstol Pablo dice que "el cuerpo de ustedes es templo del Espíritu Santo, que está en ustedes, y que recibieron de parte de Dios" (1 Corintios 6:19; también ver 1 Corintios 3:16-17). Ahora las personas santas llevan una vida santa. La muerte expiatoria de Jesús y su resurrección vicaria significan –como ya se mencionó anteriormente– que usted le pertenece a él y que *"vive en su reino, bajo su autoridad y le sirve con eterna virtud, inocencia, y bienaventuranza, así como él se ha levantado de entre los muertos, vive y reina por toda la eternidad."* El Nuevo Testamento identifica esta vida como de sacrificio.

En el Antiguo Testamento, el templo de Jerusalén era el edificio en el que se ofrecían los sacrificios. Con la muerte y la resurrección del Mesías, el templo se convirtió en obsoleto (ver Juan 2:19-22). Su muerte en el Calvario puso fin al sistema de sacrificios del Antiguo Testamento (ver Hebreos 9-10). La expiación llevada a cabo por la sangre del Cordero de Dios es de provecho para todo el que se aferre a él por la fe. El sacrificio ha sido reubicado. Ya no es ningún rito ofrecido a Dios por el pecado del hombre. Siendo bautizados en la muerte de Jesús (Romanos 6:1-11), ahora los creyentes deben ofrecer "sacrificios espirituales que Dios acepta por medio de Jesucristo" (1 Pedro 2:5). Los sacrificios espirituales son corporales: se relacionan con lo que tiene que ver con nuestra vida cotidiana, una vida llevada por medio de la fe en Jesucristo y en amor hacia el prójimo en nuestra vocación diaria; en la familia y en el trabajo, en la congregación y en la comunidad. La carta a los Hebreos nos enseña el carácter corporal de la vida de sacrificio del cristiano: "Por lo tanto, ofrezcamos siempre a Dios, por medio de Jesús, un sacrificio de alabanza, es decir, el fruto de labios que confiesen su nombre. No se olviden de hacer bien ni de la ayuda mutua, porque éstos son los sacrificios que agradan a Dios" (Hebreos 13:15-16).

Es por esta razón que el apóstol Pablo dice en Romanos 12: "Por tanto, hermanos, les ruego por las misericordias de Dios que presenten sus cuerpos como sacrificio vivo y santo, aceptable a Dios, que es el culto racional de ustedes" (Romanos 12:1 NBLH). En el Antiguo Testamento, antes de ofrecerse un sacrificio, la victima sacrificial tenía que ser inmolada. El templo era una especie de carnicería y el sacerdote una especie de carnicero.

El lenguaje que usa Pablo debió haber sido impresionante para los lectores originales de su carta, porque él habla sobre nuestro cuerpo como "sacrificios vivos". Por la misericordia de Dios presenten su cuerpo, no como sacrificio muerto, sino como sacrificio vivo. Sacrificio vivo porque la muerte ya ha tenido lugar. Jesús ya ha muerto por nuestro pecado y al ser bautizados en su muerte, nosotros morimos *al* pecado. Y al estar muertos al pecado, llevamos una vida nueva. Como miembros del sacerdocio real ofrecemos nuestro cuerpo como sacrificio espiritual. Con el cuerpo glorificamos a Dios y con el cuerpo servimos a nuestro prójimo. El cuerpo que se ha lavado en el Santo Bautismo es consagrado para la vida con Dios y con los que nos rodean.

Preguntas para estudio y discusión

1. La Biblia nos enseña que no escogimos por nuestra propia iniciativa tener vida con Dios, sino que cuando estábamos muertos en el pecado y éramos enemigos de Dios, él nos escogió y nos dio vida mediante el evangelio (ver Efesios 2:5). ¿Cómo contrasta esta explicación con la idea que tiene el mundo sobre la autonomía?

2. ¿Qué hace el Espíritu Santo? (Ver 1 Corintios 6:19 y 1 Corintios 3:16-17).

3. El Nuevo Testamento identifica la vida corporal cristiana como una de sacrificio. Leer Romanos 12:1-2. ¿Qué es lo que se incluye en este sacrificio? (Ver 1 Pedro 2:5 y Hebreos 13:15-16).

Imagen en p 48: La crucifixión. *Todos los grabados en madera de Albrecht Dürer*, Willi Kurth, editor. (New York: Arden Book Company, 1936).

Colosenses 1:22a—"*...por medio de la muerte, para presentarse santos y sin mancha e irreprochables...*" Con la muerte de su Hijo amado en la cruz, Dios nos ha otorgado su santidad mediante la justicia, inocencia, y bienaventuranza de Cristo.

Nueve

"... Puesto que todos debemos partir, debemos fijar nuestra mirada en Dios, al que el sendero de la muerte nos guía y dirige. Aquí encontramos el comienzo de la puerta angosta y el sendero derecho que lleva a la vida (Mateo 7:14). Todos debemos aventurarnos gozosamente por este sendero, porque aunque la puerta es bien angosta, el sendero no es largo. Como –con peligro y dolor– un infante nace de la pequeña morada del vientre de su madre para entrar en este cielo y tierra inmensos, es decir, dentro de este mundo, así también el hombre parte de esta vida a través de la puerta angosta de la muerte. Y aunque los cielos y la tierra en los que moramos en el presente nos parecen grandes y anchos, sin embargo –en comparación con el cielo futuro– son más angostos y pequeños que el vientre de la madre. Entonces, a la muerte de los santos queridos se le llama un nuevo nacimiento, y su día de fiesta es conocido en latín como natale, *esto quiere decir, el día de su nacimiento."*

–Lutero ("Un Sermón sobre la preparación para morir" AE 42:99)

La lamentación por Cristo

¿QUÉ PASA CUANDO LLEGA LA MUERTE?

Referencias del Catecismo Menor de Lutero:
Los Diez Mandamientos—Quinto Mandamiento
Explicación del Catecismo Menor, preguntas 52-54

Nuestro cuerpo no es sin importancia en lo que se refiere a nuestra vida con Dios. La explicación que Lutero hace del Quinto Mandamiento nos enseña: "*Debemos temer y amar a Dios de modo que no hagamos daño o mal material alguno a nuestro prójimo en su cuerpo, sino que le ayudemos y hagamos prosperar en todas las necesidades de su vida.*" Este mandamiento no sólo prohíbe el acabar deliberadamente con la vida humana, sino que también exige que busquemos activamente el bienestar corporal de nuestro prójimo. Entonces, los cristianos se esfuerzan en servir misericordiosamente a su prójimo en su necesidad de alimento, vivienda, y otras cosas necesarias de la vida. De esta manera, Dios nos usa como el pan de cada día para y por nuestro prójimo.

El mandamiento de Dios no hace ninguna distinción con respecto a si el prójimo es alguien que todavía no ha nacido o es un moribundo. El mismo hecho de que los marginados son los más vulnerables –debido a su incapacidad, debilidad o falta de habilidad para comunicarse– nos obliga a todos a cuidarlos y defenderlos. Nunca debemos buscar maneras de lograr su muerte. Puede ser que las personas no tengan curación, pero esto no significa que debemos descuidarlos. Aunque cuidar de ellos no significa que sea absolutamente necesario emplear toda forma de tratamiento médico disponible (tratamientos en los que el remedio es peor que la enfermedad), sí incluye velar por su nutrición e hidratación. El loable intento de aliviar el sufrimiento no debe incluir la destrucción del que sufre. La compasión nunca es un pretexto aceptable para el asesinato.

El final de la vida, al igual que el comienzo, pone al descubierto que la autonomía es una fantasía. Es frecuente que los defensores de la eutanasia y del suicidio asistido apelen al supuesto derecho de morir que tiene el paciente. Pretender tener un derecho a morir es sólo uno de los últimos esfuerzos de enfrentar la muerte bajo nuestros propios términos. "Si no se puede evitar la muerte", se razona, "por lo menos el momento de su llegada está bajo mi control." Esta manera de pensar es muy diferente del punto de vista bíblico que expresa el Apóstol Pablo: "Nadie vive para sí, ni nadie muere para sí, pues si vivimos, para el Señor vivimos, y si morimos, para el Señor morimos. Así que, ya sea que vivamos, o que muramos, somos del Señor. Porque para esto mismo Cristo murió y resucitó: para ser Señor de los vivos y de los muertos" (Romanos 14:7-9).

Lutero comentó una vez algo así: que al desvanecerse la fe en el verdadero Dios, aparecen los cuentos de hadas. Al apartarse del verdadero Dios, nuestra cultura se ha saturado de cuentos de hadas sobre la muerte. Estos cuentos son intentos desesperados de convencernos a nosotros mismos de que la muerte es natural –sólo una parte de la vida– o como las nociones de la reencarnación que se toman prestadas del paganismo. Sólo el cristianismo puede ver la muerte por lo que es: el "último enemigo" derrotado por un Señor crucificado que fue resucitado a la vida para nunca más morir (ver 1 Corintios 15:26). La muerte no es sólo un evento biológico, sino que es la paga del pecado. Existe sólo una respuesta frente a la condenación que acarrea la muerte y esta respuesta no se encuentra en los vuelos de nuestra imaginación con los que pensamos que podemos esquivar el trauma de la muerte al intentar hacer que morir parezca preferible a vivir.

El final del Credo Apostólico moldea nuestra percepción de la muerte: *"Creo en el perdón de los pecados; la resurrección de la carne y la vida perdurable."* Uno no debe buscar la muerte. Pero cuando ésta es inevitable, no debemos sentirnos obligados a aferrarnos a la vida con una actitud de desafío y de temor. El cristiano es libre para morir confiando en la resurrección, puesto que la muerte –nuestro último enemigo– ha sido aplastada bajo los pies de Jesús. El cuidado normal (alimento y líquidos) debe continuar, pero no se requieren los tratamientos extraordinarios. La esperanza que se proclama en el Credo también da forma a nuestra manera de pensar sobre las instrucciones que se dan por anticipado.[1] Gilbert Meilaender, estudioso luterano de la ética, dice: "Las instrucciones por anticipado son un intento de extender nuestra autonomía al futuro, cuando no podamos ejercerla."[9] Es demasiado fácil que instrucciones de este tipo se usen para negar no sólo el tratamiento médico, sino también el cuidado apropiado. Un enfoque mejor sería el de asignar un poder legal a un pariente o amigo de confianza que respete las creencias cristianas de usted cuando esté bajo atención médica.

Preguntas para estudio y discusión

1. Lea la explicación de Lutero sobre el Quinto Mandamiento. Mediante este mandamiento ¿cómo protege y mejora Dios la vida?
2. El Quinto Mandamiento, ¿hace alguna distinción entre la condición física o mental del prójimo?
3. La compasión nunca es una excusa para el asesinato. ¿Por qué?
4. Afirmar que existe un derecho a morir es extraño al punto de vista bíblico acerca de la vida y la muerte. ¿Por qué? (Ver Romanos 14:7-9).
5. En nuestra cultura existen algunos "cuentos de hadas" sobre la muerte. ¿Cuáles son algunos de ellos? ¿Cuál es la verdad que nos enseña la muerte y resurrección de nuestro Señor acerca de la muerte? (Ver 1 Corintios 15:26).
6. El teólogo Steven Paulson escribe: "El 'don' de la muerte no es nada que nosotros podamos dar, sino sólo Dios, y él lo da sólo para poder otorgar un segundo don que es más grande."[10] ¿De qué manera es que el final del Credo Apostólico moldea nuestro punto de vista acerca de la muerte como un don que sólo Dios da? La muerte, ¿cómo puede ser a la vez nuestro último enemigo y un don de Dios?

1 "Instrucciones por anticipado" (Advance Directives) es una lista de instrucciones escritas que una persona le da a su médico o familiar en la que se expresan las decisiones a tomar con respecto a su salud o a su vida en general en caso de que no le sea posible tomar personalmente éstas debido a una enfermedad o incapacidad.

7. ¿En qué se basa la distinción que existe entre un cuidado normal y los tratamientos extraordinarios?

8. Tal vez un cristiano prefiera darle a un pariente un poder legal en vez de establecer instrucciones por anticipado. ¿Por qué haría esto?

Imagen en p 54: La lamentación por Cristo. *Todos los grabados en madera de Albrecht Dürer,* Willi Kurth, editor. (New York: Arden Book Company, 1936).

Romanos 6:23—"*Porque la paga del pecado es muerte, pero la dádiva de Dios es vida eterna en Cristo Jesús, Señor nuestro.*" Así como la muerte de Dios proveyó la oportunidad para que le brindaran un cuidado amoroso al cuerpo de nuestro Señor, así también ahora los sufrimientos de nuestro prójimo son ocasiones para que el cuerpo de Cristo extienda el amor abnegado de Cristo a los que pasan necesidad.

DIEZ

"Así, en nuestro sufrimiento deberíamos actuar de tal modo que prestemos mucha atención a la promesa para que nuestra cruz y aflicción se tornen en un bien, en algo que nosotros nunca podríamos haber pedido ni pensado. Y esto es precisamente lo que marca la diferencia entre el sufrimiento y las aflicciones del cristiano y los de otros hombres. Porque los demás también tienen sus aflicciones, su cruz y sus desgracias, así como también pasan tiempos en los que se pueden sentar en el jardín de rosas para emplear su buena fortuna y sus bienes como les plazca. Pero cuando enfrentan aflicciones y sufrimiento, no tienen nada que los consuele pues no tienen las promesas poderosas ni la confianza en Dios que tienen los cristianos. Por lo tanto ellos no pueden consolarse con la certeza de que Dios los va a ayudar a cargar con su aflicción, y mucho menos pueden contar con que él cambiará su aflicción y sufrimiento en un bien."

–Lutero ("Sermón en Coburgo sobre la cruz y el sufrimiento" AE 51:201)

Cristo en el Monte de los Olivos

¿Cómo nos enseña Jesús a orar en la batalla que existe entre la vida y la muerte?

Referencias del Catecismo Menor de Lutero:
El Padrenuestro
Explicación del Catecismo Menor, preguntas 205-209 213, 216-219, 221-233

La vida del cristiano es en un campo de batalla. El pecado, la muerte, y el demonio son los enemigos. El conflicto es despiadado y no terminará hasta que seamos relevados por la resurrección (ver Romanos 7:7-25). Pero la victoria es segura, así como es segura la muerte y la resurrección de Jesús a favor de los pecadores. La afirmación con la que Lutero concluye cada explicación de cada uno de los tres artículos del Credo –"Esto es con toda certeza la verdad"– llega a ser el fundamento de su exposición del Padrenuestro. Jesús les da el Padrenuestro a sus discípulos para que oren en la batalla continua entre la fe y la falta de fe, entre la vida y la muerte. Cada petición es una descripción de nuestra propia necesidad profunda. Al mismo tiempo, cada petición respira con las promesas de Dios, las que exceden todo lo que nosotros podamos pedir o imaginar.

La confianza que tenemos en nuestra vida no se basa en nosotros mismos, sino en el conocimiento de que en Jesús, Dios es nuestro verdadero Padre y nosotros somos sus verdaderos hijos. No nos encontramos abandonados como huérfanos en un universo en el que no se puede encontrar ningún padre. Tampoco somos accidentes que tuvieron lugar en el cosmos. No somos prole no deseada, sino los hijos amados por un padre amoroso. Dios se deleita al oír a sus hijos usar el lenguaje de la fe, entonces le hablamos "*con valor y plena confianza*". Saber que Dios es esta clase de padre moldea la forma en que vemos la vida en su mundo. La vida humana nunca es un error que necesite ser cambiado o erradicado. Es un don que se debe apreciar, porque proviene de la mano clemente de Dios que es nuestro Padre.

Las tres primeras peticiones van unidas. En ellas oramos por lo que tiene que ver con Dios: su nombre, su reino, y su voluntad. Su nombre es santo en sí mismo. Su reino viene sin nuestra oración. Su voluntad se hace sin nuestra oración. Con estas peticiones oramos para que su nombre se conserve santo entre nosotros, que su reino venga a nosotros y que su voluntad se haga entre nosotros. Estas tres peticiones contrastan con todos los medios que usamos para hacernos de un nombre por nosotros mismos mediante los logros de los que nos enorgullecemos; los vanos esfuerzos para construir un reino para nosotros en el que podamos vivir seguros; y las maneras arrogantes en que insistimos que se haga nuestra propia voluntad. Estas peticiones se oponen a nuestra cultura de autonomía y elección.

La Cuarta Petición ilustra nuestra posición ante Dios: Dios da, nosotros recibimos. "*Dios da diariamente el pan, también sin nuestra súplica, aun a todos los malos, pero rogamos con esta petición que él nos haga reconocer esto y así recibamos nuestro pan cotidiano con gratitud.*" Esta petición nos lleva de regreso al Primer Artículo. En conjunto, tanto el Primer Artículo como la Cuarta Petición, no nos permiten escapar de nuestra humanidad. La vida no es ningún producto que se fabrique en un laboratorio. Es un regalo del Padre, que se nos ha otorgado en la red de realidades concretas de las criaturas que incluye "*todo aquello que se necesita como alimento y para satisfacción de las necesidades de esta vida*".

Sólo los pecadores pueden orar el Padrenuestro, porque en esta oración le pedimos a Dios que perdone *"nuestras deudas, así como nosotros perdonamos a nuestros deudores"*. El pecado no es un mal hábito del que podamos deshacernos, sino que incluye todas las obras de la carne que fluyen de un corazón que no quiere dejar que Dios sea Dios. Necesitamos su perdón a diario tanto como necesitamos el pan que él nos da diariamente. Al recibir de Dios el perdón que no merecemos, nos comprometemos a perdonar también a los que han pecado contra nosotros. El Padre celestial nos tiene misericordia. Habiendo recibido su misericordia, nosotros mostraremos misericordia a los pecadores que, sin causa, nos han hecho mal, pues así es la naturaleza del amor que Dios nos tiene a nosotros aunque no lo merecemos.

El diablo, el mundo, y nuestra naturaleza pecadora son las fuentes de la tentación. El blanco de la tentación es siempre el Primer Mandamiento. Así como el tentador se dirigió a Eva en el jardín con una pregunta tranquila y con falsa modestia: "¿Así que Dios les ha dicho a ustedes que no coman de ningún árbol del huerto?" (Génesis 3:1), así también nosotros somos tentados. ¿Cómo puede ser mala la investigación sobre células embrionarias cuando tiene tanto potencial para hacer el bien? ¿Cómo puede ser mala la fertilización *in vitro* con un donante de huevo o esperma, o la maternidad sustitutiva cuando es algo bueno desear tener hijos? ¿Cómo puede ser mala la ingeniería genética cuando promete eliminar características físicas no deseadas y más aún, evitar enfermedades que pueden ser letales en nuestros descendientes? Tal como Eva, nosotros somos tentados a confiar en nuestro propio criterio sobre lo que es bueno o malo en lugar de confiar en la Palabra del Señor. La Sexta Petición se ora frente a este engaño y a las tentaciones que buscan descarriarnos.

En la Séptima Petición, le pedimos a Dios que nos *"libre de todo lo que pueda perjudicar nuestro cuerpo y alma, nuestros bienes y honra y que, al final, cuando llegue nuestra última hora, nos conceda un fin bienaventurado y, por su gracia, nos lleve de este valle de lágrimas al cielo para morar con él."* El lenguaje de nuestra cultura es engañoso. Por ejemplo, a la práctica de causar la muerte a una persona que sufre ya sea por intervención directa (administración de una droga letal, etc.) o indirectamente (suspendiendo los alimentos y líquidos, etc.) se le llama eutanasia: una muerte buena o bendecida. Al teólogo que llama bueno a lo malo y malo a lo bueno, Lutero lo describe como un teólogo de la gloria. En cambio el teólogo de la cruz sabe cómo debe llamar a cada cosa por lo que es. Y Lutero nos enseña a orar el Padrenuestro como teólogos de la cruz. Un *fin bienaventurado* –una muerte bendecida– no es el que nos libra del sufrimiento de una manera rápida o sin dolor, sino que es una muerte por la que una persona pasa confiando en las promesas que Jesús da acerca del perdón de los pecados, la resurrección del cuerpo, y la vida eterna. El cristiano no toma la vida en sus propias manos, sino que, como Jesús, encomienda su vida en las manos del Padre (ver Lucas 23:46; Salmo 31:5). Éste es un final bienaventurado en contraste con la diabólica muerte de la eutanasia.

Las oraciones de la noche de la iglesia (los servicios de Vísperas y Completas) nos preparan para la noche final cuando cerremos nuestros ojos al morir y despertemos en el esplendor de la resurrección:

"Apóyanos, oh Señor, durante el largo día de esta atribulada vida, hasta que las sombras se alarguen y caiga la noche y el mundo bullicioso sea silenciado, cese el trajín de la vida, y nuestra jornada toque a su fin. Entonces, Señor, en tu misericordia, concédenos seguro reposo y santo descanso y paz al final de nuestros días; por Jesucristo nuestro Señor." – Colecta de Completas.[11]

"Permanece con nosotros Señor, porque se acerca la noche y el día está llegando a su fin. Permanece con nosotros y con toda la iglesia. Permanece con nosotros al final del día, al final de la vida y al final del mundo. Permanece con nosotros con tu gracia y bondad, con tu santa Palabra y el sacramento, con tu fuerza y tu bendición. Permanece con nosotros cuando venga sobre nosotros la noche de aflicción y tentación, la noche de temor y desesperación cuando venga la muerte. Permanece con nosotros y con todos los creyentes en el tiempo y en la eternidad." –Colecta para la tarde del Sábado de Gloria.[12]

> Enséñame a vivir de modo que no tema
> La tumba así como no temo mi cama.
> Enséñame a que yo muera para poder
> Resucitar en gloria en el día maravilloso. (Thomas Ken, LW 484, estrofa 3)
>
> Con prisa mi cuerpo va a descansar
> Y pongo de lado mi ropa
> La que es una representación de la mortalidad;
> Me la quito y pienso
> En cómo Cristo, en el más allá, me vestirá
> Con una capa de majestad gloriosa. (Paul Gerhardt, TLH 554, estrofa 4)

Cuando una persona ha pasado toda la vida con estas oraciones, la eutanasia carece de sentido. Ésta queda expuesta como otro intento pecador del viejo Adán de apaciguar a nuestro último enemigo al hacer que nos demos por vencidos en lugar de encomendar nuestra alma en las manos del fiel Creador que ya nos ha asegurado la victoria por medio de la cruz y de la tumba vacía de su Hijo (ver 1 Pedro 4:19). Entonces, la oración del cristiano moribundo puede ser la del anciano Simeón: "Ahora, Señor, despides a tu siervo en paz, conforme a tu palabra" (Lucas 2:29 RV 1960).

Preguntas para estudio y discusión

1. Lea Romanos 7:7-25. ¿Cómo describe el apóstol la vida cristiana?
2. La conclusión de la explicación de cada artículo del Credo Apostólico, "*Esto es con toda certeza la verdad*", ¿cómo sirve de base para la explicación de Lutero de la Introducción al Padrenuestro?
3. ¿De qué manera es que el Padrenuestro se opone a la cultura de la autonomía y de la decisión personal?
4. El Padrenuestro, ¿cómo sirve de súplica por la vida?
5. En la Sexta Petición, ¿cuáles son las tentaciones de las que pedimos ser librados? Estas tentaciones, ¿cómo se manifiestan en los retos (bio)éticos de nuestros días?
6. La Séptima Petición, ¿de qué manera nos enseña a entender lo que es "un final bendecido"? ¿Cuál es la diferencia entre este final bendecido y la eutanasia o el suicidio asistido? Lea Lucas 23:46 y el Salmo 31:5.
7. Las oraciones de la noche y los himnos de la iglesia señalan la eutanasia como una esperanza falsa. ¿De qué manera lo hacen?

Imagen en p 60: Cristo en el Monte de los Olivos. *Todos los grabados en madera de Albrecht Dürer*, Willi Kurth, editor. (New York: Arden Book Company, 1936).

Hebreos 5:7 –"*Y Cristo, en los días de su vida terrenal, ofreció ruegos y súplicas con gran clamor y lágrimas al que lo podía librar de la muerte, y fue oído a causa de su temor reverente.*" Cristo nos enseña a orar a nuestro Padre celestial: "No se haga mi voluntad, sino la tuya."

ONCE

"Porque toda nuestra vida debe ser el bautismo y el cumplimiento de la señal o del sacramento del bautismo, puesto que hemos sido liberados de todo lo demás y hemos sido entregados al bautismo solo, es decir, a la muerte y a la resurrección."

–Lutero ("El cautiverio babilónico de la iglesia" AE 36:70)

El Bautismo

¿Qué tiene que ver el Bautismo con una ética de vida?

Referencias en el Catecismo Menor de Lutero:
El Sacramento del Santo Bautismo — Partes 1, 2, 3, 4
Explicación del Catecismo Menor, preguntas 240, 248, 253-255, 257, 259

"*El bautismo no es agua solamente, sino que es agua comprendida en el mandato divino y ligada con la palabra de Dios.*" El hecho de que el agua esté unida a la promesa de la palabra de Dios significa que el Bautismo "*efectúa el perdón de los pecados, redime de la muerte y del diablo, y da la salvación eterna a todos los que lo creen, tal como se expresa en las palabras y promesas de Dios.*" El Bautismo tiene muchísimo que ver con una ética de vida porque rescata de la muerte y otorga la vida eterna a todos los que creen en las promesas de Cristo.

El Bautismo no sólo trata del comienzo de la vida cristiana. Es mucho más que un rito de iniciación; es la realidad de la vida en Cristo en el tiempo presente. Lutero escribe en el Catecismo Mayor: "Todo cristiano tiene, mientras viva, suficiente que aprender y practicar en el Bautismo. Siempre tendrá que dedicarse a fin de creer firmemente lo que el Bautismo promete y aporta: la victoria sobre el demonio y la muerte, el perdón de los pecados, la gracia divina, el Cristo entero, y el Espíritu Santo con sus dones."[13] Y, "por esto, no tenemos mayor joya que pueda adornar nuestro cuerpo y nuestra alma, porque mediante el Bautismo llegamos a ser santos y bendecidos, lo que no se puede alcanzar con ningún otro tipo de vida u obra en este mundo."[14] El Bautismo es la justificación por la fe sola en acción. El que actúa en los verbos es Dios. Él es el que salva.

La vida cristiana existe a partir del Bautismo. Nacidos de nuevo por el Espíritu Santo por medio del Bautismo (ver Tito 3:5:8), vivimos en un morir diario con respecto al pecado y somos vivificados para tener vida en Cristo. El Bautismo indica "*que el viejo Adán en nosotros debe ser ahogado por el pesar y el arrepentimiento diarios, y que debe morir con todos sus pecados y malos deseos; asimismo, también cada día debe surgir y resucitar la nueva persona, que vivirá eternamente delante de Dios en justicia y pureza.*" El Bautismo marca el fin de la antigua manera de vivir que es un esfuerzo vano de aferrarse a la autonomía. Dios mata al viejo Adán junto con su deseo de ser autónomo. El nuevo hombre no vive en su propio pellejo, sino que está revestido con la justicia de Cristo. Somos revestidos no con las prendas de nuestra propia justicia, sino con la pureza de la sangre de Jesús. En el Bautismo, renunciamos al control y dejamos que Dios sea Dios para nuestro beneficio, como él lo desea, para estar bajo su gracia y favor. Morimos en lo que se refiere a nuestro ego y vivimos en él y por él.

Las obras de la carne deben ser arrancadas y echadas fuera (ver 1 Corintios 6:9-11; Efesios 4:17-32; Gálatas 5:16-26; Colosenses 3:1-14; Romanos 13:13-14), pues estas obras son inconsistentes con los que han sido bautizados en Cristo. Estas obras llevan consigo mismas la hediondez de la muerte, y los que continúan en ellas morirán. Cuando el apóstol Pablo instruye a los efesios sobre los que se han entregado al pecado sexual, dice con toda franqueza: "Pero eso no lo aprendieron ustedes de Cristo, si es que en verdad oyeron su mensaje y fueron enseñados por él, de acuerdo con la verdad que está en Jesús. En cuanto a su pasada manera de vivir, despójense de su vieja naturaleza, la cual está corrompida por los deseos engañosos; renuévense en el espíritu de su mente, y revístanse de la nueva naturaleza, creada en conformidad con Dios en la justicia y santidad de la verdad" (Efesios 4:20-24).

El Bautismo es fundamental para la ética de la vida cristiana. Para los cristianos, la ética no es un proyecto que comenzamos a fin de convertirnos en santos. La ética cristiana queda libre de la necesidad de emplearla como un medio de buscar la salvación. En el Bautismo, somos unidos a la muerte de Cristo, y al compartir su muerte, llegamos a ser partícipes de su resurrección (ver Romanos 6:1-11). Engañar, escapar o controlar la muerte no es nuestro proyecto, puesto que la muerte que realmente vale –la muerte del pecado– ya ha tenido lugar. Ahora, vivos en Cristo por medio de la fe, somos libres para vivir en amor hacia nuestro prójimo.

Desde nuestro Bautismo sabemos que nuestro cuerpo no nos pertenece. Éste ha sido marcado con la cruz de Jesús y destinado para la resurrección. Esto marca la diferencia en cómo usamos nuestro cuerpo en el mundo: no como instrumento de injusticia, sino de justicia (Romanos 6:12-14).

Hay mucho en nuestra cultura que le dice a usted que su cuerpo es su propio juguete para hacer con él lo que le plazca. Cuando los juguetes se desgastan o se dañan son tirados a la basura. Éste es el mensaje de una cultura que no ve mayor diferencia entre un juguete y el cuerpo humano. Los dos son desechables. El Credo cristiano y su Bautismo le dicen otra cosa.

Preguntas para estudio y discusión

1. ¿Cómo es que el Bautismo nos rescata de la muerte? (Ver Tito 3:5-8).
2. ¿En qué sentido es que el Bautismo siempre está en tiempo presente para el cristiano?
3. ¿De qué manera es que el Bautismo es fundamental para la vida cristiana? (Ver Colosenses 3:1-4 y Efesios 4:20-24).
4. Según Romanos 6:1-11 ¿Qué es lo que el Bautismo revela sobre el destino de nuestro cuerpo?

Imagen en p 68: El Bautismo. Colección de la Reforma de Richard C. Kessler; Pitts Theological Library, Chandler School of Theology, Emory University.

Romanos 6:4—*"Porque somos sepultados juntamente con él para muerte por el bautismo, a fin de que como Cristo resucitó de los muertos por la gloria del Padre, así también nosotros andemos en vida nueva"* (RV 1960) Donde había sólo pecado y muerte, la misericordia de Dios ha traído el perdón y la vida, por medio de los que hemos sido librados para servir y amar a nuestro prójimo.

Doce

"El Espíritu Santo siempre tiene que influir en nosotros por la Palabra y distribuirnos diariamente el perdón de los pecados, hasta la vida en la que ya no habrá más perdón, sino hombres enteramente puros y santos, llenos de piedad y de justicia, sacados y liberados del pecado, de la muerte y de toda desdicha, en un cuerpo nuevo inmortal y transfigurado."

–Lutero (CM, parte II:58, p. 446)

Prédica de la Palabra y administración de los sacramentos

¿DÓNDE PUEDO YO ESCUCHAR LAS PALABRAS DE VIDA ETERNA?

Referencias del Catecismo Menor de Lutero:
La Confesión y el Oficio de las Llaves
Explicación del Catecismo Menor, preguntas 261-277

La autonomía engendra un espíritu que tolera el pecado y hace que el viejo Adán se ponga cómodo en vez de morir como es propio de los bautizados. Alguien ha comentado que nosotros vivimos en una época en la que todo se permite y no se prohíbe nada. Pero la aceptación es un pobre substituto para la absolución.

Gracias a Dios que al mundo que va rumbo a la muerte, tenemos algo mejor que ofrecerle que sólo falsas mantras de afirmación o acomodación. Qué gran traición al evangelio es ésta, que las iglesias ya no puedan llamar al pecado por lo que es. Si éste no se llama pecado, entonces puede ser que lo lamenten, se quejen de él o lo racionalicen, pero no lo confesarán y de esta manera se les negará el don del perdón.

La iglesia no se interesa principalmente en la moralidad ni en los valores tradicionales, sino en el evangelio de Jesucristo: las buenas nuevas de que, a través del sufrimiento y la muerte del Hijo de Dios, los pecados quedan perdonados. Tenemos un mensaje de gran importancia para los que han tratado de vivir para ellos mismos, para las personas cuya vida ha sido golpeada y marcada en su intento vano de ser autónomas. Existe sólo un lugar de restauración para los que, por el engaño, han sido llevados a la vergüenza por la codicia que promete el placer y sólo brinda el sufrimiento, que ofrece el cielo y da el infierno. Es sólo en las heridas de Jesucristo que nosotros podemos ser sanados (ver 1 Pedro 2:24). Los pecadores no tienen que vivir bajo la carga del remordimiento por haber abusado o destruido los regalos de vida que Dios da.

A las conciencias aterrorizadas por el pecado, Cristo Jesús les da su palabra de consuelo que es su veredicto de perdón en lugar de condenación. El Catecismo Mayor lo dice claramente: "A continuación, creemos que en esta comunidad cristiana tenemos la remisión de los pecados, lo que ocurre mediante los santos sacramentos y la absolución, así como también mediante las palabras consoladoras de todo el evangelio. Esto incluye todo lo que debe predicarse acerca de los sacramentos y, en pocas palabras, el evangelio entero junto con todas las responsabilidades oficiales de la comunidad cristiana. Se necesita el perdón constantemente, porque aunque la gracia de Dios ha sido adquirida por Cristo y la santidad ha sido obrada por el Espíritu Santo a través de la palabra de Dios en la unidad de la iglesia cristiana, sin embargo no estaremos nunca sin pecado ya que llevamos nuestra carne alrededor de nuestro cuello. Por consiguiente en esta comunidad el orden es de tal manera, que cada uno puede obtener el perdón de los pecados a través de la Palabra y de las señales designadas para el consuelo y el fortalecimiento de nuestra conciencia en tanto vivamos en la tierra."[15]

Lutero incluyó una enseñanza sobre la confesión además de un breve orden sobre la misma en el Catecismo Menor, con el fin de que los que estén afligidos por sus pecados puedan oír la palabra de Dios de perdón hablada directamente a sus oídos. Ésta es una de las virtudes perdurables del catecismo que funciona como un documento pastoral. Esto quiere decir que nos enseña cómo arrepentirnos, mencionando los pecados que nos atormentan y después cómo *"recibir la absolución, es decir el perdón, de parte del pastor como de Dios mismo, sin dudar, sino creyendo firmemente que por medio de ésta nuestros pecados quedan perdonados ante Dios en el cielo."* La absolución es el veredicto de perdón que Dios pronuncia aquí y ahora a los que se arrepienten de sus pecados. Esta palabra trae vida en medio de la muerte. Brinda sanación a los que se han herido a sí mismos y a otros en sus intentos de desempeñar el papel de Dios. La absolución nos lleva de regreso a la vida que tenemos como criaturas, una vida que deja que Dios sea Dios.

Preguntas para estudio y discusión

1. ¿Cuál es la diferencia entre la aceptación y la absolución, la tolerancia y el perdón?
2. Cuando se hace que el pecado parezca menos grave de lo que realmente es, ¿qué pasa con el perdón?
3. ¿Dónde encontramos sanación real y duradera para nuestros pecados? (Ver 1 Pedro 2:24).
4. Revise el orden "Breve forma de confesión y absolución" que Lutero incluyó en el Catecismo. ¿Qué hace la absolución?

Imagen en p 74: Prédica de la Palabra y administración de los sacramentos. Colección de la Reforma de Richard C. Kessler; Pitts Theological Library, Chandler School of Theology, Emory University.

> Lucas 10:2a-16a—"[Jesús] les dijo [a los setenta y dos]: *"El que a ustedes oye a mí me oye..."* ¿Dónde o a quién debemos ir? Cristo mismo nos congrega para su ministerio de prédica, Bautismo y Santa Cena, para otorgarnos su absolución, que es, el perdón.

Trece

Sin embargo, "sabemos, que esta cena es la Santa Cena del Señor, en nombre y en realidad, no la cena de los cristianos. Porque el Señor no sólo la instituyó, sino que también la prepara y la da él mismo, y él mismo es cocinero, mayordomo, comida y bebida."

–Lutero ("Que estas palabras de Cristo, 'Este es mi cuerpo,' etc., todavía permanecen firmes contra los fanáticos" AE 37:142)

Cristo y los discípulos en Emaús

¿Cómo es que la Santa Cena del Señor sustenta la vida?

Referencias en el Catecismo Menor de Lutero:
El Sacramento del Altar
Explicación del Catecismo Menor, preguntas 287-288, 291, 293-298, 303-304

En la solemne noche en que fue traicionado, en el atardecer de su crucifixión, Jesús estableció la Santa Cena de su cuerpo y sangre. Este sacramento *"es el verdadero cuerpo y sangre de nuestro Señor Jesucristo bajo el pan y el vino, instituido por Cristo mismo para que nosotros los cristianos comamos y bebamos."* Con su muerte, Jesús provee para nosotros el testamento de su cuerpo y sangre para el perdón de los pecados y *"donde hay perdón de los pecados, también hay vida y salvación."*

La Cena del Señor no es ninguna reconstrucción ritual de la última cena que Jesús tuvo con sus discípulos antes de su muerte, ni un sacrificio que ofrecemos a Dios repetidamente. Ésta es su última voluntad y testamento a través del que él nombra como sus herederos a los que recibimos en la boca el verdadero cuerpo y la sangre crucificados y resucitados por nosotros. Al comer su cuerpo y beber su sangre en este sacramento somos uno con nuestro Señor. Aquí él nos perdona nuestros pecados, fortalece nuestra fe y nos vivifica con la esperanza del banquete celestial que está por venir.

Lutero describe el precioso regalo que tenemos en la Cena del Señor: "Porque en este sacramento él nos ofrece todos los tesoros que nos trajo de los cielos, y al cual nos invita clementemente cuando en otras ocasiones dice: 'Vengan a mí todos ustedes, los agotados de tanto trabajar, que yo los haré descansar' (Mateo 11:28).

Ahora bien, constituye un pecado y una vergüenza que mientras Cristo nos invita y exhorta cordial y fielmente hacia nuestro mayor y mejor bien, nos mostremos con tal desdén y dejemos transcurrir el tiempo hasta que, enfriados y endurecidos, nos falte, por último, el deseo y el amor para acudir al sacramento. Nunca se debe considerar el sacramento como algo perjudicial que deba rehuirse, sino como una medicina saludable y consoladora, que brinda ayuda y da vida en cuerpo y alma. Porque donde el alma encuentra cura, el cuerpo recibe auxilio también."[16]

El cuerpo y la sangre de Jesús que se nos dan a nosotros son la garantía de nuestra propia resurrección también. Este alimento celestial fortalece y sustenta nuestra fe para que podamos cargar con paciencia todas las pruebas y aflicciones, cruces y enfermedades, hasta que Dios nos dé alivio ya sea en el tiempo presente o en la resurrección de la carne. En este santo sacramento, nuestro Señor nos da un anticipo de la fiesta de bodas del Cordero. Por esto, un teólogo luterano ha sugerido que debemos ir a la Santa Cena del Señor como cuando vamos a nuestra propia muerte, de modo que cuando vayamos a nuestra muerte lo hagamos como si estuviéramos yendo a la Cena del Señor.

En la Santa Cena somos unidos con nuestro Señor Jesús –crucificado y resucitado– y con los que comen y beben el sacramento con nosotros. Esta Santa Cena es a la vez vertical (nos conecta con el Señor) y horizontal (nos conecta a los unos con los otros). Al recibir el perdón de los pecados en el cuerpo y la sangre de Jesús, somos unidos a él y llegamos a ser uno con su cuerpo, la iglesia. La práctica bíblica de la comunión cerrada protege correctamente esta unidad. Ninguna contradicción con respecto a Cristo o sobre lo que dicen sus palabras debe ser llevada al altar. Existe también una dimensión horizontal en esta comunión. El ser hechos uno con los que comen y beben el cuerpo y la sangre de Jesús con nosotros, nos hace velar por ellos y llevar su carga como miembros de un cuerpo. Lutero expresó esto de una manera impactante con estas palabras: "Porque es necesario que cada uno sepa que Cristo ha dado su cuerpo, carne y sangre, en la cruz para ser nuestro tesoro y para ayudarnos a recibir el perdón de los pecados, es decir, para que podamos ser salvos, redimidos de la muerte y del infierno. Esto es el primer principio de la doctrina cristiana. Se nos presenta en palabras; el cuerpo y sangre se nos dan para ser recibidos corporalmente como una señal y confirmación de este hecho. Es claro que él hizo esto una sola vez, llevándolo a cabo y ejecutándolo en la cruz; pero cada día nos lo pone ante nosotros para ser distribuido y derramado a través de la prédica y nos ordena que lo recordemos siempre y que nunca nos olvidemos de él. El segundo principio es el amor. Y se nos demuestra, en primer lugar, por el hecho de que nos ha dejado un ejemplo. **Así como él se da a sí mismo por nosotros con su cuerpo y sangre para redimirnos de toda miseria, así también nosotros debemos darnos a nosotros mismos con todas las fuerzas a nuestro prójimo**"[17] (énfasis agregado).

En el cuerpo y la sangre de Cristo recibimos los beneficios de su muerte expiatoria. El catecismo dice *"Estas palabras, 'Dado y derramada por ustedes para el perdón de los pecados', nos muestran que en el sacramento son dados el perdón de los pecados, la vida y la salvación a través de estas palabras. Porque donde hay perdón de pecados hay vida y salvación."* El perdón es más que sólo amnistía. Es vida y salvación. El perdón de los pecados ganado por la muerte de Jesús absorbe nuestra muerte y nos da vida con Dios. Y la vida con Dios nunca es solitaria. Siempre incluye vida con nuestro prójimo. Dios viene a nosotros en el cuerpo de Jesús, nacido de María, crucificado en la cruz y dado a nosotros en el Sacramento del Altar. Este mismo Señor Jesús se envuelve a sí mismo en el cuerpo de nuestro prójimo, ya sea que este cuerpo sea un embrión, esté discapacitado, herido o desgastado y moribundo (ver Mateo 25:31-46). Cuidar de nuestro prójimo en las necesidades de su cuerpo es atender a Cristo mismo. El sacramento nos da la fortaleza para llevar a cabo esto. Entonces, Lutero agregó en 1526 una colecta al Servicio Divino después de la comunión. Ésta es la genuina oración eucarística en la liturgia luterana puesto que se ora en agradecimiento por los dones recibidos. En esta oración decimos: "Te damos gracias porque nos has renovado con éste tu don saludable, y te suplicamos que en tu misericordia nos fortalezcas por medio del mismo don, en fe para contigo y en amor ferviente el uno para con el otro."[18]

Preguntas para estudio y discusión

1. ¿Qué nos otorga Jesús en su última voluntad y testamento?
2. ¿Cómo nos consuela Jesús en la Santa Cena?
3. Este sacramento, ¿de qué manera es una promesa de la resurrección de nuestro cuerpo?
4. ¿Cómo nos prepara para la muerte el hecho de recibir la Santa Cena? (Ver 1 Corintios 10:16 y 11:23-26).
5. En la Santa Cena, ¿cómo nos unimos con Jesús y con nuestro prójimo? ¿Cuáles son las implicaciones de esto para la vida que tenemos en conjunto?

Imagen en p 80: Cristo y los discípulos en Emaús. *Todos los grabados en madera de Albrecht Dürer*, Willi Kurth, editor. (New York: Arden Book Company, 1936).

Lucas 24:35b—*"Entonces ellos contaron… cómo lo habían reconocido al partir el pan."* El verdadero cuerpo y sangre de Cristo dados a nosotros para comer y beber, es un "don saludable"; es decir, un alimento que da salud mediante el que Cristo cura la muerte por medio del perdón de los pecados, fortalece la fe, y nos hace activos en amor hacia nuestro prójimo.

CATORCE

"Por esto, estas obras ordinarias son el orden que ha establecido Dios. ¿Se puede pedir algo más glorioso o un testimonio más claro? Por esto, cuando una criada ordeña las vacas o un jornalero trabaja la tierra con el azadón –siempre y cuando sean creyentes que han llegado a la conclusión de que esta clase de vida es agradable a Dios y fue instituida por Dios– ellos sirven a Dios más que todos los monjes y monjas que no pueden estar seguros si es que su tipo de vida agrada a Dios."

–Lutero ("Discursos sobre Génesis" AE 3:321)

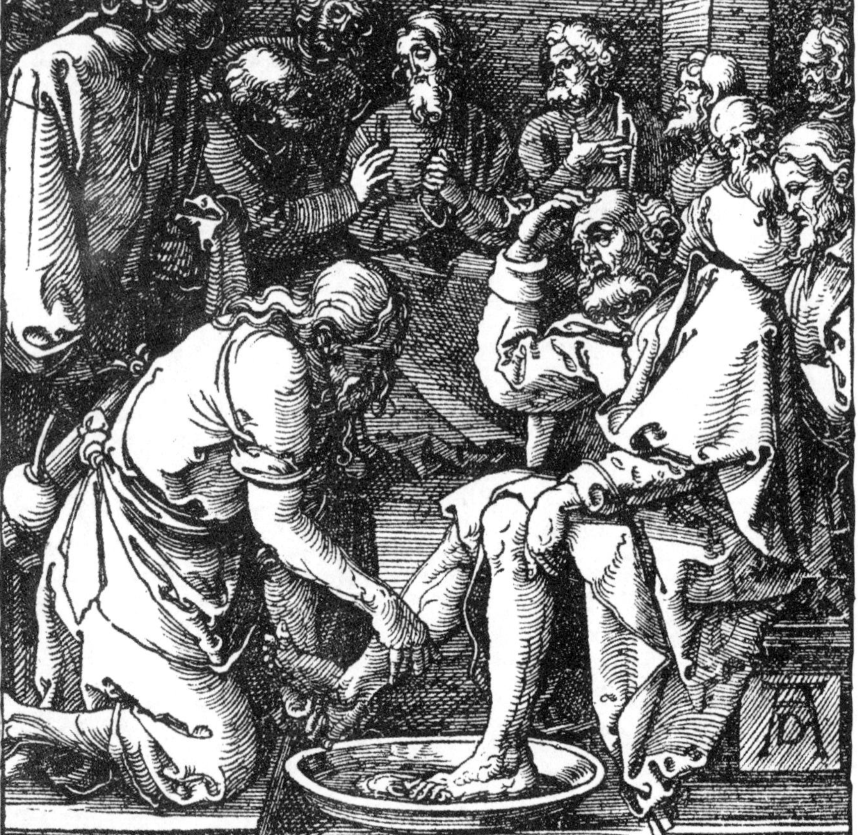

Cristo lava los pies de Pedro

¿Cómo debemos darle gracias a Dios, ensalzarlo, servirle y obedecerlo?

Referencias del Catecismo Menor de Lutero:
Sección 2—Oraciones Diarias
Sección 3—Tabla de Deberes

Lutero escribe al final de la explicación del Primer Artículo: *"Por todo esto debo darle gracias, ensalzarlo, servirle, y obedecerle."* Lutero regresa a estos temas al final del catecismo en las Oraciones Diarias y en la Tabla de Deberes. Damos gracias y alabamos a Dios en la mañana al despertarnos de nuestro sueño y en la noche cuando nos vamos a dormir. Damos gracias y alabanza a Dios por el regalo del pan diario pues recibimos nuestro alimento de su mano generosa. Descanso y alimento son dos requisitos mínimos para la vida humana. Estos dos requisitos demuestran nuestra dependencia de nuestro Padre. Él cuida de nuestro cuerpo mientras nosotros nos rendimos inconscientes al sueño. Nos guarda del daño y del peligro cuando somos incapaces de detectar la amenaza que viene mientras dormimos. Las oraciones de la mañana y de la noche al igual que la oración por la comida son vehículos que expresan nuestro agradecimiento y alabanza a Dios.

El final de la explicación del Primer Artículo de Lutero nos lleva a la doctrina de la vocación. A menudo confundimos la vocación con un trabajo o una ocupación. Hablamos sobre los consejeros vocacionales que asisten a los estudiantes en cómo elegir carreras convenientes, o sobre las escuelas vocacionales que preparan a las personas para las profesiones técnicas. Ciertamente el trabajo diario es parte de la vocación de usted; sin embargo, su vocación incluye mucho más que solamente el trabajo que tiene. Su vocación es primera y principalmente un asunto de "ser" y sólo en segundo lugar, una cuestión de "hacer". Dios ha hecho que usted sea el hombre o la mujer que es. Lo ha ubicado en un tiempo particular en la historia y en un lugar geográfico específico. Le ha dado ciertos padres. Todo esto ha sido más allá de su control. Usted no puede deshacer su nacimiento y comenzar de nuevo. Pero no necesita comenzar de nuevo. Lo acepta todo como un regalo porque conoce el amor de su Padre que es el dador de todo don bueno y perfecto.

Nuestro servicio y obediencia a Dios tienen lugar en el contexto de la vocación; nuestro llamado es a una vida dual, tanto de fe como de amor. En 1520, Lutero escribió en *La libertad cristiana*: "Nosotros concluimos que el cristiano vive no sólo para el mismo, sino en Cristo y en el prójimo. Si no es así, no es cristiano. Él vive en Cristo por medio de la fe y en su prójimo por medio del amor."[19] El centro de la vida no está en nosotros mismos; el centro de la vida es Cristo (fe) y nuestro prójimo (amor). La fe es activa en una vida de servicio amoroso a nuestro prójimo. La Tabla de Deberes del catecismo muestra específicamente cómo servimos y obedecemos a Dios.

Los "santos órdenes", es decir la congregación, el gobierno civil, la familia/trabajo diario están contenidos en la Tabla de Deberes. En su obra titulada *Confesión acerca de la Cena de Cristo* (1528), Lutero escribió acerca de estos órdenes o estados de la vida: "Porque estas tres instituciones religiosas –u órdenes– están fundadas en la Palabra y en el mandamiento de Dios; y todo lo que está contenido en la palabra de Dios debe ser santo, pues la palabra de Dios es santa y santifica todo lo que está relacionado e involucrado con ella. Por encima de estas tres instituciones y órdenes se encuentra el orden común del amor cristiano, en el que uno sirve no sólo a los tres órdenes, sino también a cada persona necesitada en general con toda clase de obras benevolentes como: alimentar al hambriento, dar de beber al sediento, perdonar al enemigo, orar por todos los hombres en la tierra, sufrir toda clase de mal en la tierra, etc. He aquí que éstos son llamados obras buenas y santas. Sin embargo, ninguno de estos órdenes son medios de salvación. Sólo hay un camino de salvación sobre todos ellos… la fe en Cristo Jesús."[20] El llamado del cristiano no lo saca del mundo, sino que lo dirige al mundo para servir a Dios que se oculta bajo la máscara de la necesidad del prójimo. El servicio que un cristiano presta a su prójimo en necesidad se lo da a Cristo mismo (ver Mateo 25:31-46). Dios no necesita nuestras buenas obras, pero nuestro prójimo sí. Y es a través de estas obras que la vida se sostiene, se protege y se mantiene.

Lutero se preocupaba por las personas que emprendían un camino de obras "elegidas por ellas mismas", como si la vida del monasterio o del peregrinaje religioso agradara a Dios. Los mandamientos de Dios nos dirigen lejos de las obras elegidas por nosotros mismos y nos encaminan a las buenas obras que él ha establecido para nosotros (ver Efesios 2:10). Las obras elegidas por nosotros mismos hoy incluyen no sólo los proyectos religiosos que las personas suponen que las harán más espirituales, sino que también incluyen los intentos para "mejorar la humanidad" en formas que son contrarias a la voluntad del Creador y nos invitan, una vez más, a ser como Dios, conocedores del bien y del mal. Por otro lado, el cristiano estará contento de vivir como una criatura que sabe que es hijo de Dios por medio de la fe en Cristo Jesús. Al vivir en la confianza de este regalo, el cristiano es libre para ser un agente de vida y bendición dentro de la red de la creación de Dios. El Catecismo Menor señala el camino. Éste es el camino de la fe en Cristo y del amor a nuestro prójimo. Éste es el camino de vida que tenemos en el nombre del Dios trino y nos fue dado en el Bautismo para el tiempo y la eternidad.

Preguntas para estudio y discusión

1. ¿Cómo relaciona Lutero las palabras de la explicación del Primer Artículo *"Por todo esto debo darle gracias, ensalzarlo, servirle y obedecerle"* con las Oraciones Diarias y la Tabla de Deberes en el Catecismo?
2. Las oraciones de Lutero para la mañana y para la noche, ¿cómo dan forma a nuestro entendimiento del don que es la vida?
3. En las Escrituras, ¿qué es lo que abarca la vocación?
4. Explique de qué manera la vocación es una vida dual tanto de fe como de amor.
5. ¿Dónde debemos servir y obedecer a Dios?

6. Lutero se preocupaba por las personas que emprendían un camino de obras elegidas por ellas mismas, por ejemplo las que abandonan a su familia para ingresar en un monasterio. Hoy en día ¿cuáles son algunos ejemplos de obras elegidas por nosotros mismos?

7. A Lutero le gustaba hablar de Dios que obraba tras una máscara, tanto para servirnos como para recibir nuestro servicio. Lea Mateo 25:31-46. ¿Dónde recibe Dios nuestro servicio? (Ver Colosenses 3:15-17).

Imagen en p 86: Cristo lava los pies de Pedro. *Todos los grabados en madera de Albrecht Dürer*, Willi Kurth, editor. (New York: Arden Book Company, 1936).

Juan 13:15— [Jesús dijo], "*Porque les he puesto el ejemplo, para que lo mismo que yo he hecho con ustedes, también ustedes lo hagan.*" Así como Cristo se arrodilló con una toalla y un recipiente para "lavar los pies" de su propia creación, así también nosotros damos gracias y servimos a Dios en nuestros varios llamados para responder a las necesidades de nuestro prójimo en todo lugar.

Apéndice

Preguntas de *Explicación del Catecismo Menor*

Capítulo 1

Preguntas 24, 26-29, 112-117

24 ¿Por qué decimos en éste y en los mandamientos que siguen que debemos temer y amar a Dios?

26 ¿Qué nos prohíbe Dios en el Segundo Mandamiento?

27 ¿Cómo es usado en forma incorrecta el nombre de Dios?

28 ¿Qué es maldecir en el nombre de Dios?

29 ¿Qué es jurar en el nombre de Dios?

112 ¿Qué debes a tu Padre celestial por todo esto?

113 ¿Por qué concluimos la explicación del primer artículo con las palabras: "Esto es con toda certeza la verdad"?

114 ¿De quién trata el segundo artículo?

115 ¿Por qué se llama Jesús?

116 ¿Por qué se llama Cristo?

117 ¿Qué significa tu confesión "Creo en Jesucristo"?

Capítulo 2

Preguntas 112-119

112 ¿Qué debes a tu Padre celestial por todo esto?

113 ¿Por qué concluimos la explicación del primer artículo con las palabras: "Esto es con toda certeza la verdad"?

114 ¿De quién trata el segundo artículo?

115 ¿Por qué se llama Jesús?

116 ¿Por qué se llama Cristo?

117 ¿Qué significa tu confesión "Creo en Jesucristo"?

118 ¿Quién es Jesucristo?

119 ¿Por qué creemos que Jesucristo es verdadero Dios?

Capítulo 3

Preguntas 97-98, 102-103, 105-107, 55-56

97 ¿Por qué llamamos a Dios Padre "creador del cielo y de la tierra"?

98 ¿Qué queremos decir por cielo y tierra?

102 ¿Por qué decimos "Dios me ha creado"?

103 ¿Cómo dio Dios vida al hombre y a todas las criaturas?

105 ¿Qué decimos los cristianos con respecto a la teoría de la evolución en relación al comienzo del mundo?

106 ¿En qué consistía la imagen divina?

107 ¿Poseemos todavía esa imagen de Dios?

55 ¿Cómo llevamos una vida sexual pura y decente?

56 ¿Qué prohíbe Dios en el Sexto Mandamiento?

Capítulo 4

Preguntas 219-222

219 ¿Por qué pedimos a Dios por el pan cotidiano?

220 ¿Cómo nos provee Dios de nuestro pan cotidiano?

221 ¿Qué quiere Dios que hagamos por aquellos que no pueden trabajar por el pan de cada día?

222 ¿Por qué nos enseña Jesús a decir: "de cada día" y "dánoslo hoy"?

Capítulo 5

Preguntas 108-110

108 ¿Cómo depende todavía el universo de Dios?

109 ¿Por qué hay maldad y sufrimiento en este mundo?

110 ¿Qué hace Dios para sostenerte?

Capítulo 6

Preguntas 111-112

111 ¿Por qué hace Dios todo esto por ti?

112 ¿Qué debes a tu Padre celestial por todo esto?

Capítulo 7

Preguntas 120-123, 126-131

120 ¿Por qué creemos que Jesucristo es también verdadero hombre?

121 ¿Cuáles son las dos naturalezas que están unidas en la persona de Cristo?

122 ¿Por qué era necesario que nuestro Salvador fuera verdadero hombre?

123 ¿Por qué era necesario que nuestro Salvador fuera verdadero Dios?

126 ¿Cuáles son los dos estados que las Escrituras distinguen en la obra salvadora de Cristo?

127 ¿En qué consiste el estado de humillación?

128 ¿Con qué palabras describe el segundo artículo el estado de humillación?

129 ¿Qué enseñan las Sagradas Escrituras sobre la concepción de Cristo?

130 ¿Qué enseñan las Sagradas Escrituras sobre el nacimiento de Cristo?

131 ¿Qué declaran las Sagradas Escrituras sobre la vida, los sufrimientos y la muerte de Cristo?

Capítulo 8

Preguntas 156-163, 150

156 ¿Cuál es la obra especial del Espíritu Santo?

157 ¿Por qué necesitas que el Espíritu Santo comience y sostenga esta fe en ti?

158 ¿Qué ha hecho el Espíritu Santo para llevarte a la fe?

159 ¿Cómo describen las Sagradas Escrituras esta obra del Espíritu Santo en ti?

160 ¿Cómo se llama esta obra del Espíritu Santo?

161 ¿Por qué decimos que el Espíritu Santo ha hecho esto a través del evangelio?

162 ¿Qué más crea en ti el Espíritu Santo por medio del evangelio?

163 ¿Cuáles son buenas obras delante de Dios?

150 En conclusión, ¿para qué te ha redimido Cristo?

Capítulo 9

Preguntas 52-54

52 ¿Qué nos prohíbe Dios en el Quinto Mandamiento?

53 ¿Quién tiene autoridad para tomar la vida de otra persona?

54 ¿Qué nos ordena Dios en el Quinto Mandamiento?

Capítulo 10

Preguntas 205-209, 213, 216-219, 221-233

205 ¿En qué sentido nos alienta a orar la palabra "Padre" en el Padrenuestro?

206 ¿Qué nos indica la palabra "nuestro" cuando oramos el Padrenuestro?

207 ¿Qué nos dicen acerca de Dios las palabras "que estás en los cielos"?

208 ¿Cuál es la conexión entre esta petición y el Segundo Mandamiento?

209 ¿Qué pedimos cuando oramos que el nombre de Dios sea santificado?

213 ¿Qué rogamos en la segunda petición?

216 ¿Quiénes se oponen a la voluntad de Dios?

217 ¿Por qué pedimos que se haga la voluntad de Dios?

218 ¿Cómo se hace la voluntad de Dios en nuestra vida?

219 ¿Por qué pedimos a Dios por el pan cotidiano?

221 ¿Qué quiere Dios que hagamos por aquellos que no pueden trabajar por el pan de cada día?

222 ¿Por qué nos enseña Jesús a decir: "de cada día" y "dánoslo hoy"?

223 ¿Qué confesamos cuando oramos esta petición?

224 ¿Qué rogamos en la quinta petición?

225 ¿Por qué incluimos una oración para el perdón de los pecados en estas peticiones a nuestro Padre celestial?

226 ¿Qué quiere Dios que hagamos a aquellos que pecan contra nosotros?

227 ¿Qué se demuestra cuando perdonamos a otros?

228 ¿Qué significa "tentar" y "tentación" en las Escrituras?

229 ¿A qué clases de maldad tratan de descarriarnos nuestros enemigos espirituales?

230 ¿Qué rogamos a Dios en esta petición?
231 ¿Qué clase de oración es la séptima petición?
232 ¿Cómo nos rescata el Señor de toda maldad de alma y cuerpo, posesiones y reputación?
233 ¿Cuál es el último rescate del mal que pedimos nos conceda el Señor?

Capítulo 11

Preguntas 240, 248, 253-255, 257, 259

240 ¿Qué hay de especial en el agua del Bautismo?
248 ¿Qué grandes y preciosas cosas se nos dan en el Bautismo?
253 ¿Cómo puede el agua bautismal obrar el perdón de los pecados, rescatar de la muerte y del diablo y dar salvación eterna?
254 ¿Por qué las Sagradas Escrituras llaman al Bautismo el lavamiento de la regeneración y de la renovación en el Espíritu Santo?
255 ¿Qué es el viejo Adán?
257 ¿Qué es el nuevo hombre?
259 ¿Cómo significa el Bautismo el diario ahogar del viejo Adán y el surgimiento del nuevo hombre?

Capítulo 12

Preguntas 261-277

261 ¿Cuál es la primera parte de la confesión?
262 ¿Qué pecados debemos confesar ante Dios?
263 ¿Qué pecados debemos confesar también ante nuestro prójimo?
264 ¿Qué pecados se nos anima a confesar privadamente ante nuestro pastor o confesor?
265 ¿Cuál es la segunda parte de la confesión?
266 ¿Cómo debemos considerar la absolución (perdón) pronunciada por el pastor?
267 ¿Qué seguridad puedo tener de que mi confesión privada al pastor permanecerá confidencial?
268 ¿Cuál es el beneficio de la confesión y absolución privadas?
269 ¿Qué autoridad especial ha dado Cristo a su iglesia en la tierra?
270 ¿Por qué se llama esta autoridad el oficio de las llaves?
271 ¿Cómo se relaciona el oficio de las llaves con la proclamación del evangelio?
272 ¿Quiénes deben ser perdonados (absueltos)?
273 ¿Quién recibe el perdón dado en la absolución?
274 ¿Quiénes son creyentes penitentes?
275 ¿A quiénes no se deben perdonar?
276 ¿Cuál es el resultado que debe seguir al arrepentimiento?
277 ¿Cómo administran públicamente las congregaciones cristianas el oficio de las llaves?

Capítulo 13

Preguntas 287-288, 291, 293-298, 303-304

287 ¿Qué nos da Cristo en este sacramento?
288 ¿Cómo indica la Biblia que estas palabras de Cristo no son lenguaje figurado?
291 ¿Cómo es entonces que en este sacramento el pan y el vino son el cuerpo y la sangre de Cristo?
293 ¿Son sacrificados nuevamente a Dios en el sacramento el cuerpo y la sangre de Cristo por los pecados de los vivos y de los muertos?
294 ¿Qué ordena nuestro Señor Jesucristo cuando dice: "Hagan esto en memoria de mí"?
295 ¿Por qué debemos recibir frecuentemente este sacramento?
296 ¿Qué beneficios se ofrecen en este sacramento?
297 ¿Cómo se puede obtener perdón de pecados, vida y salvación mediante el comer y beber corporal?
298 ¿Recibe cada comulgante los beneficios del perdón, vida y salvación?
303 ¿Cómo debemos examinarnos antes de recibir este sacramento?
304 ¿Pueden participar de la Mesa del Señor los que son débiles en la fe?

Referencias

1. AE vol. 37, p 366.

2. Gerhard Forde, *The Captivation of the Will: Luther vs. Erasmus on Freedom and Bondage.* Grand Rapids, Mich.: Eerdmans, 2005, p 44.

3. CM parte 1, párrafo 207, p 415.

4. *Sermons of Martin Luther — The House Postils,* vol. 2, traducido al inglés por Eugene Klug. Grand Rapids, Mich.: Baker, 1996, pp 196-197.

5. CA, Artículo XVI, p 32.

6. Martín Lutero, *Confesión acerca de la Santa Cena de Cristo,* Obras de Martín Lutero, vol. 5, traducción de Carlos Witthaus y Manuel Vallejo Díaz, Buenos Aires, Editorial Paidós, 1971, p 530.

7. *LW Agenda*, p 194.

8. CM parte 2, párrafo 38, p 443.

9. Gilbert Meilaender, *Bioethics: A Primer for Christians.* Grand Rapids, Mich.: Eerdmans, 2004,
p 80.

10. Steven Paulson, *"Endings and Beginnings: Death and Resurrection" Dialog* (Winter 1999): p 26.

11. LW, p 267. La traducción de la colecta es de *Libro de Liturgia y Cántico,* Augsburg Fortress, Minneapolis, p 97, (1998).

12. LW, p 46.

13. CM parte 4, párrafo 41, p 472.

14. CM parte 4, párrafo 46, p 472.

15. CM parte 2, párrafo 54-55, p 445.

16. CM parte 5, párrafo 66-68, p 487.

17. AE vol. 36, p 352.

18. LW, p 153.

19. AE vol. 31, p 371.

20. AE vol. 37, p 365.

Lecturas complementarias en inglés

Althaus, Paul. *Thou Shalt! Sermons Based on the Ten Commandments*. Translated by John W. Rilling. Springfield, Ohio: Chantry Music Press, 1971.

Arand, Charles. "Personal Autonomy versus Creaturely Contingency: The First Article and the Right to Die." *Concordia Journal* (October 1994): 385-401.

Banner, Michael. *Christian Ethics and Contemporary Moral Problems*. New York: Cambridge University Press, 1999.

Bayer, Oswald. *Living by Faith: Justification and Sanctification*. Grand Rapids, Mich.: Eerdmans Publishing Company, 2003.

Eyer, Richard. *Holy People, Holy Lives: Law and Gospel in Bioethics*. St. Louis: Concordia Publishing House, 2000.

Kass, Leon R. *Life, Liberty and the Defense of Dignity: The Challenge for Bioethics*. San Francisco: Encounter Books, 2002.

Meilaender, Gilbert C. *Bioethics: A Primer for Christians*, second edition. Grand Rapids, Mich.: Eerdmans, 2005.

Meilaender, Gilbert C. "Honoring the *Bios* in Lutheran Bioethics." *Dialog* (Summer 2004): 118-124.

Nestingen, James A. "Luther on Marriage, Vocation and the Cross." *Word & World* (Winter 2003): 31-39.

Pless, John T. "The Use and Misuse of Luther in Contemporary Debates on Homosexuality." *Lutheran Forum* (Summer 2005): 50-57.

Sasse, Herman. "The Early Church and Abortion" in *The Lonely Way*. Volume 2 (1941-1976). Translated by Matthew C. Harrison. St. Louis: Concordia Publishing House, 2002.

Song, Robert. *Human Genetics: Fabricating the Future*. Cleveland: The Pilgrim Press, 2002.

LOS GRABADOS PROVIENEN DE LAS SIGUIENTES COLECCIONES

1. La creación; grabado en madera de la primera edición ilustrada El Catecismo Mayor, 1530, Wittenburg. Pritzlaff Memorial Library Rare Book Collection; Concordia Seminary, St. Louis, Missouri.
2. Adán y Eva. *Durero en América: Su obra gráfica*, Charles W. Talbot, editor. (New York: Macmillan, 1971).
3. El matrimonio de la virgen. *Todos los grabados en madera de Albrecht Dürer*, Willi Kurth, editor. (New York: Arden Book Company, 1936).
4. Maná del cielo en el desierto. Colección de la Reforma de Richard C. Kessler; Biblioteca Teológica de Pitts, Escuela de Teología de Chandler, Universidad de Emory.
5. San Miguel lucha contra el dragón. *Todos los grabados en madera de Albrecht Dürer*, Willi Kurth, editor. (New York: Arden Book Company, 1936).
6. La adoración del Cordero y el himno de los escogidos. *Todos los grabados en madera de Albrecht Dürer*, Willi Kurth, editor. (New York: Arden Book Company, 1936).
7. La resurrección de Cristo. *Todos los grabados en madera de Albrecht Dürer*, Willi Kurth, editor. (New York: Arden Book Company, 1936).
8. La crucifixión. T*odos los grabados en madera de Albrecht Dürer,* Willi Kurth, editor. (New York: Arden Book Company, 1936).
9. La lamentación por Cristo. *Todos los grabados en madera de Albrecht Dürer*, Willi Kurth, editor. (New York: Arden Book Company, 1936).
10. Cristo en el Monte de los Olivos. *Todos los grabados en madera de Albrecht Dürer*, Willi Kurth, editor. (New York: Arden Book Company, 1936).
11. El Bautismo. Colección de la Reforma por Richard C. Kessler; Pitts Theological Library, Chandler School of Theology, Emory University.
12. Prédica de la Palabra y administración de los sacramentos. Colección de la Reforma de Richard C. Kessler; Pitts Theological Library, Chandler School of Theology, Emory University.
13. Cristo y los discípulos en Emaús. *Todos los grabados en madera de Albrecht Dürer*, Willi Kurth, editor. (New York: Arden Book Company, 1936).
14. Cristo lava los pies de Pedro. Todos los grabados en madera de Albrecht Dürer, Willi Kurth, editor. (New York: Arden Book Company, 1936).

Anotaciones

Anotaciones

Anotaciones

Anotaciones